ZenArt Editions

Harmonische Gärten

Entspannendes Malbuch

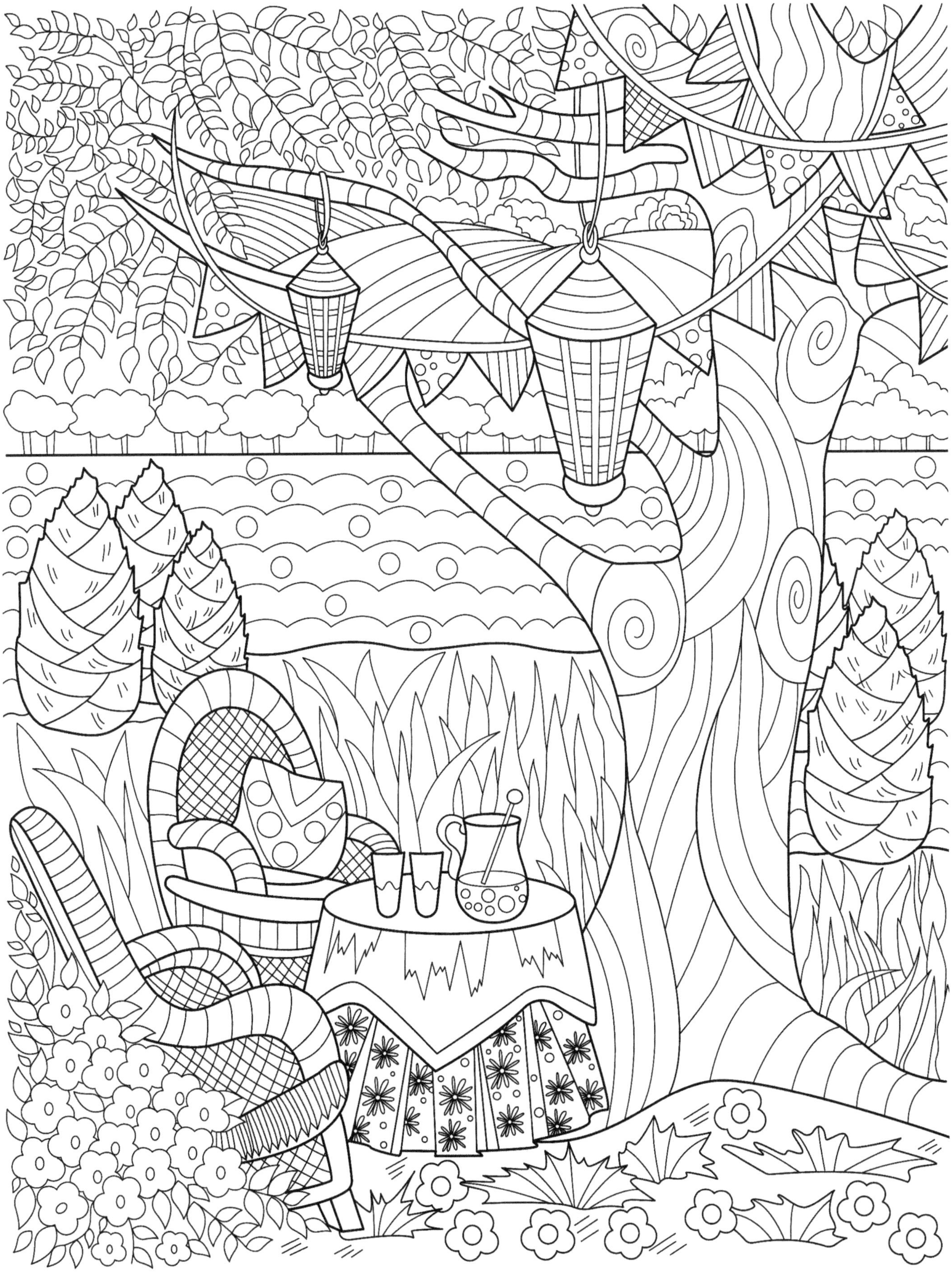

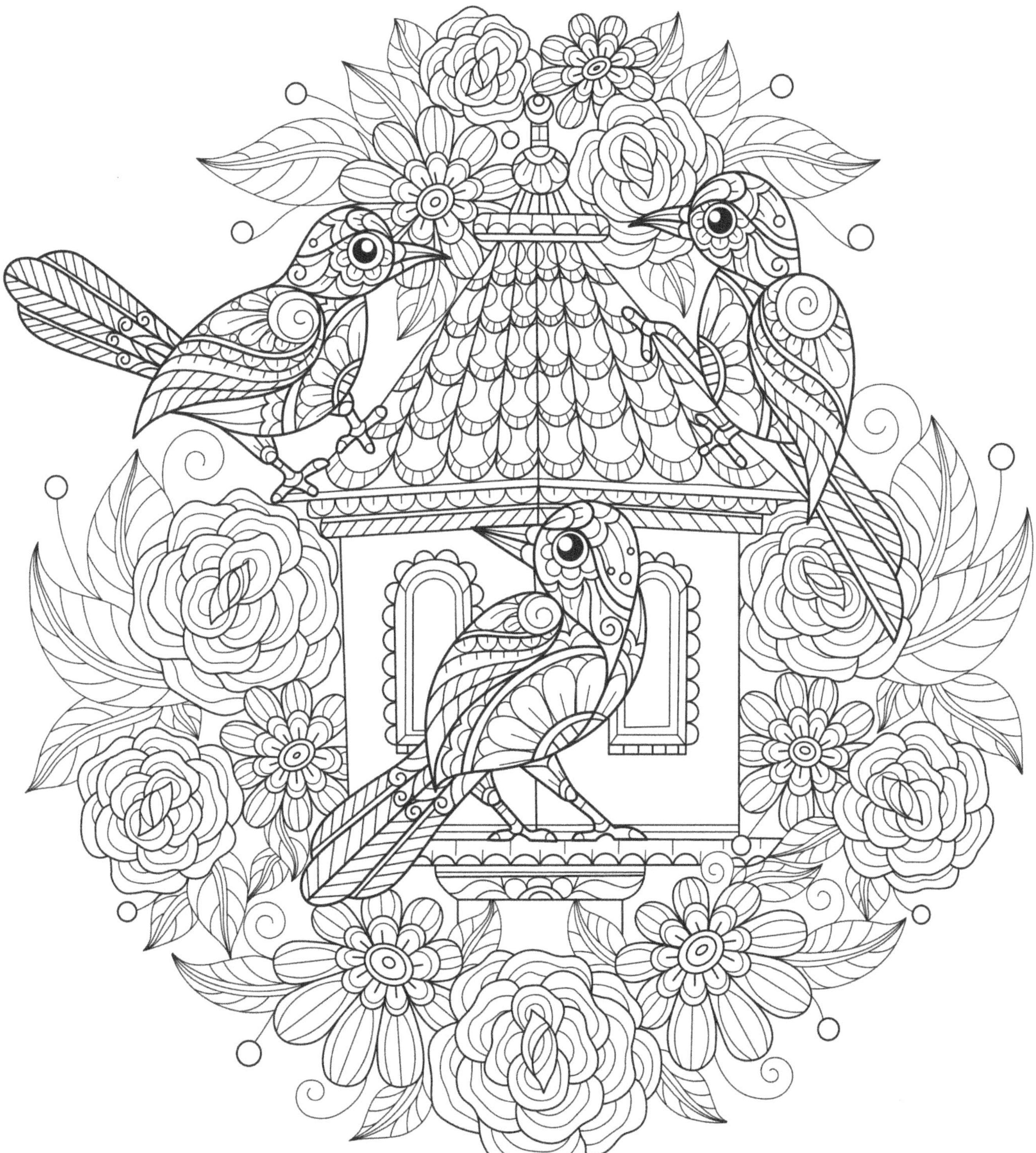

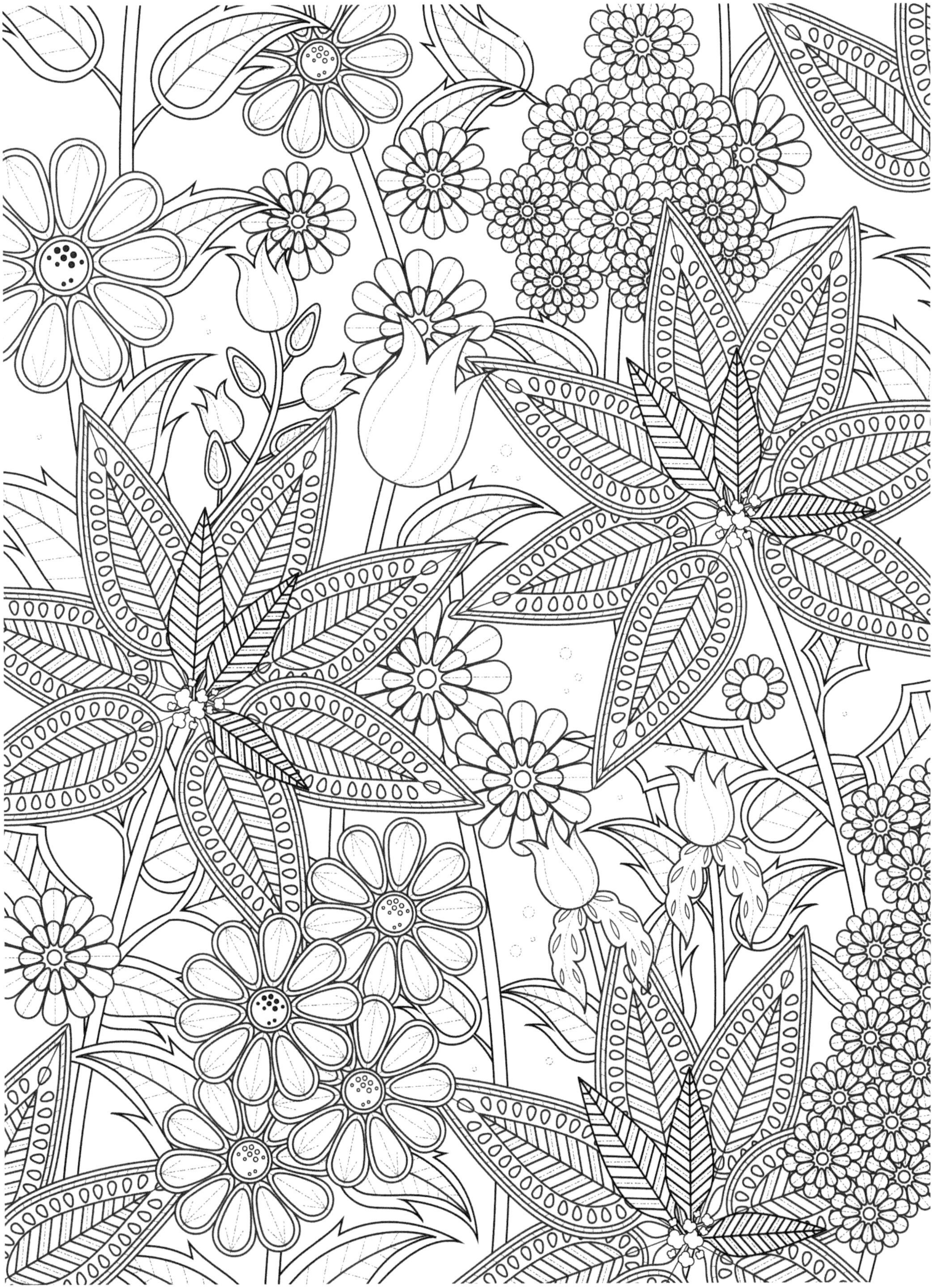

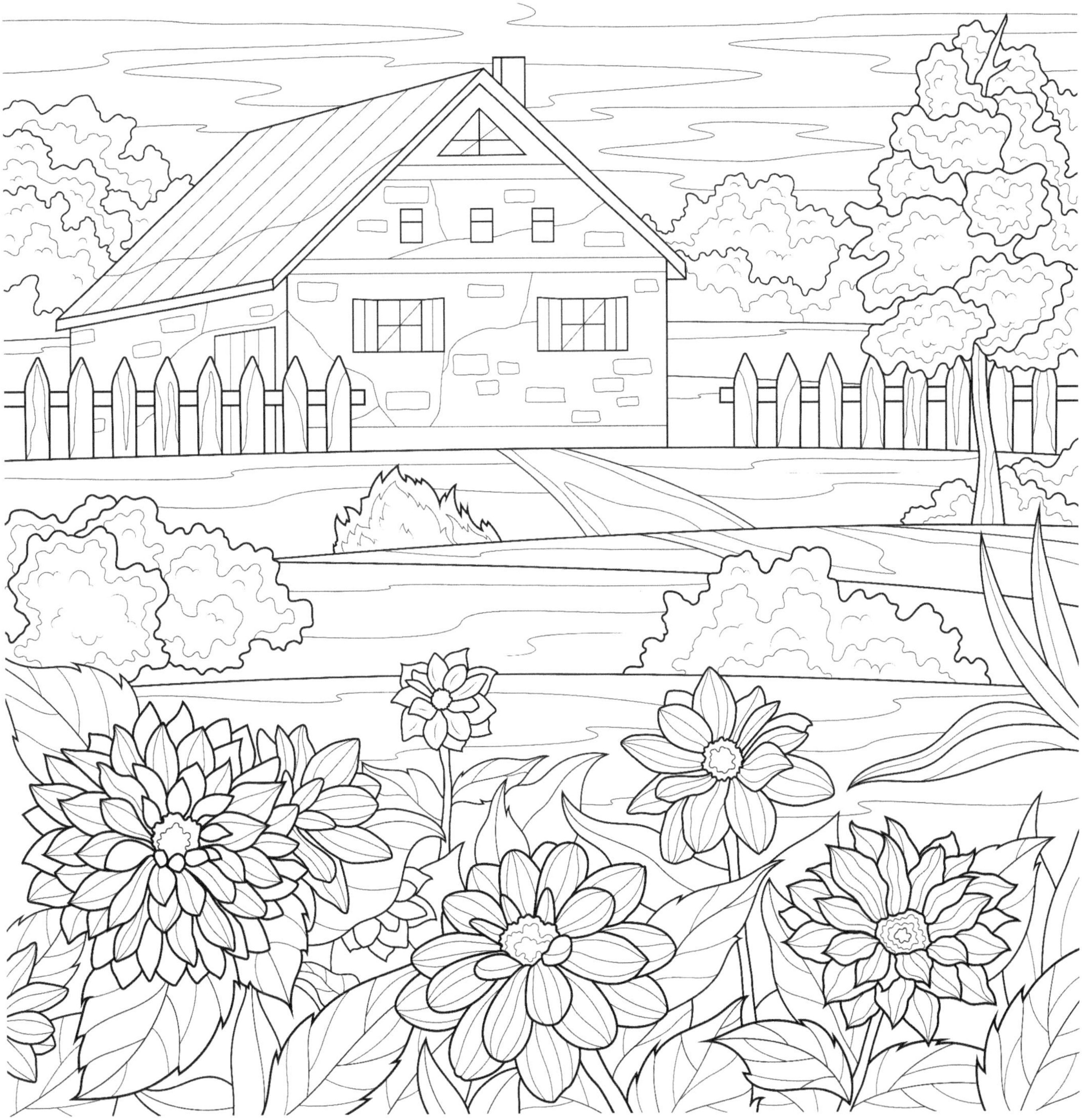

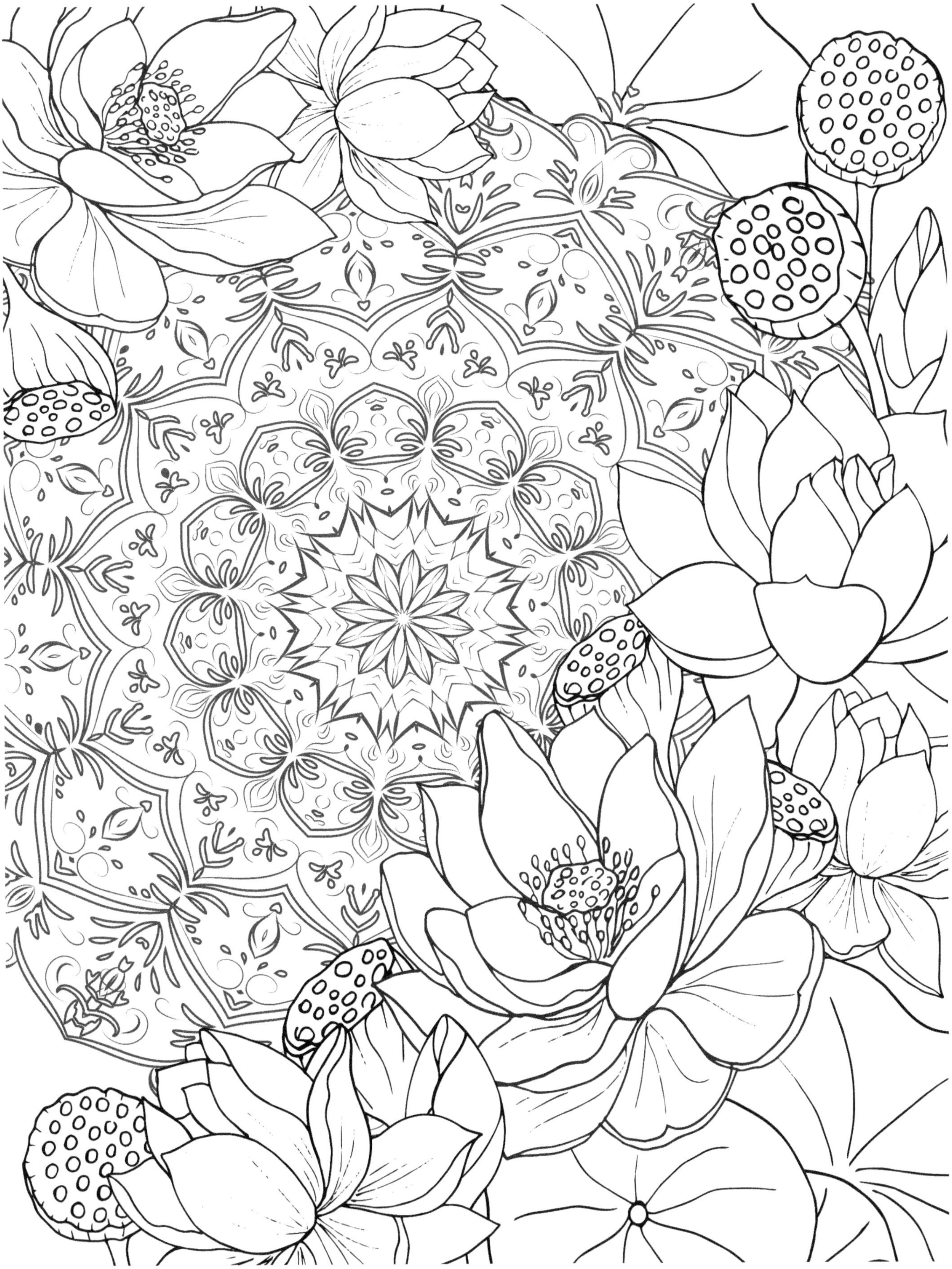

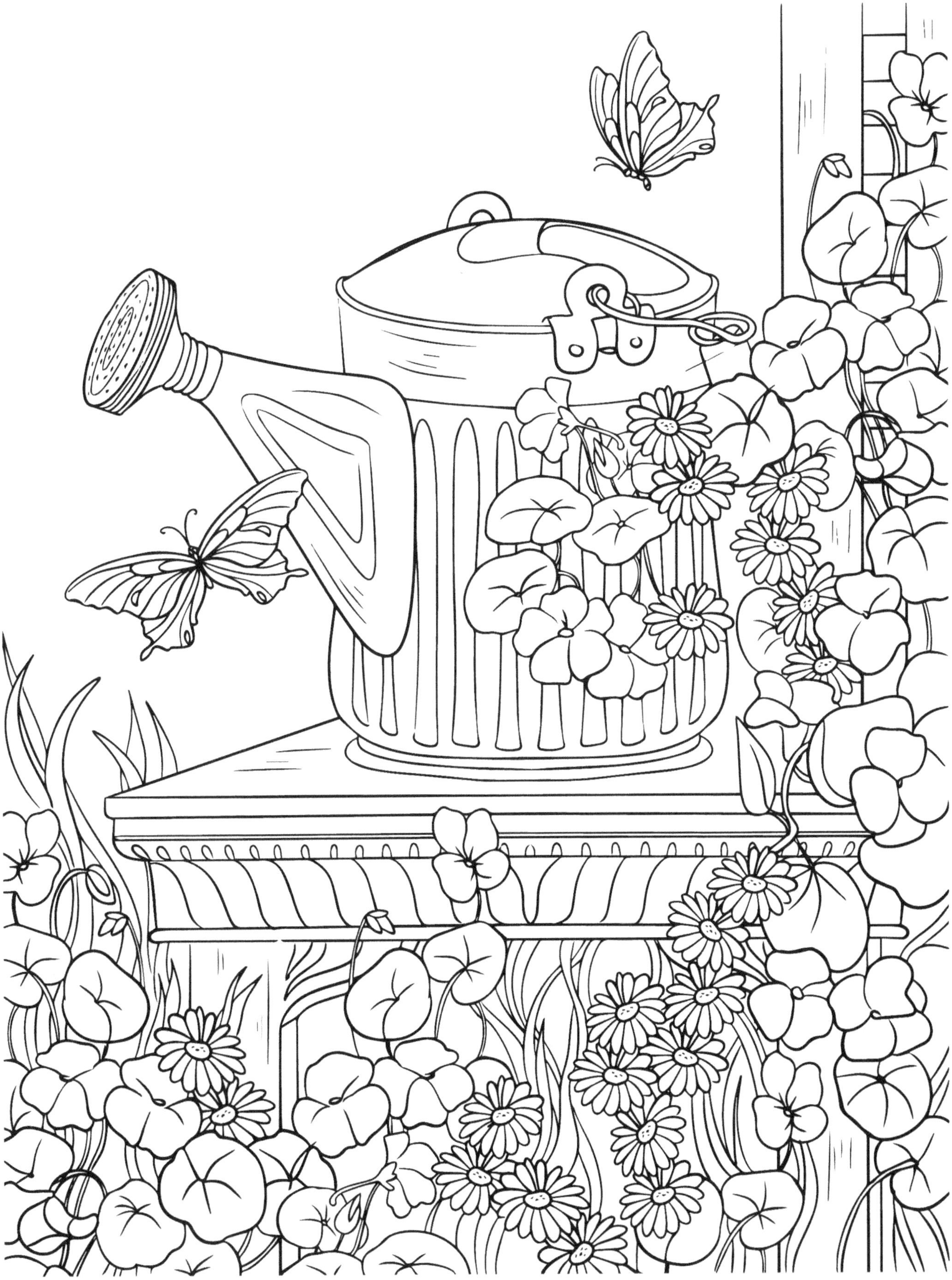

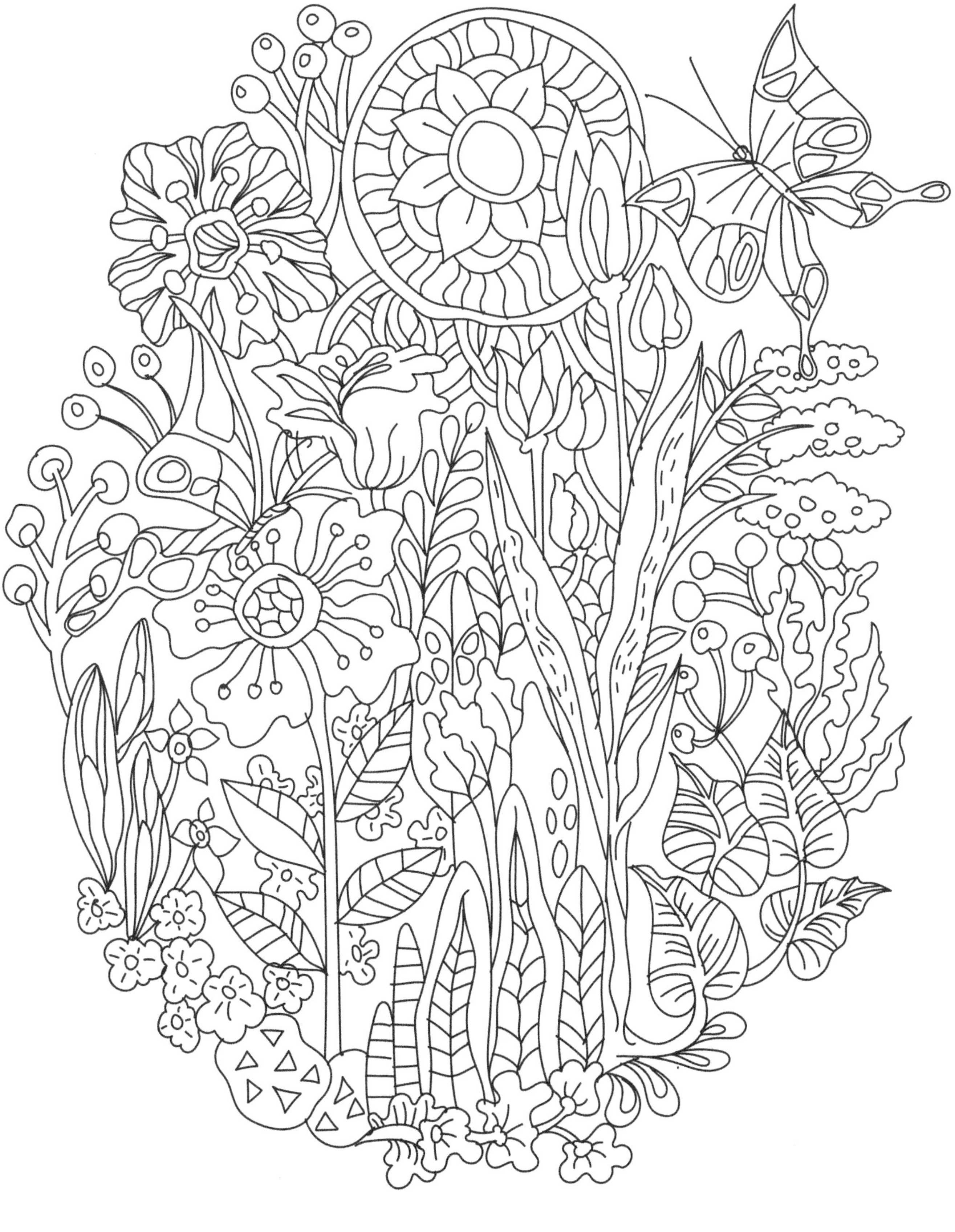

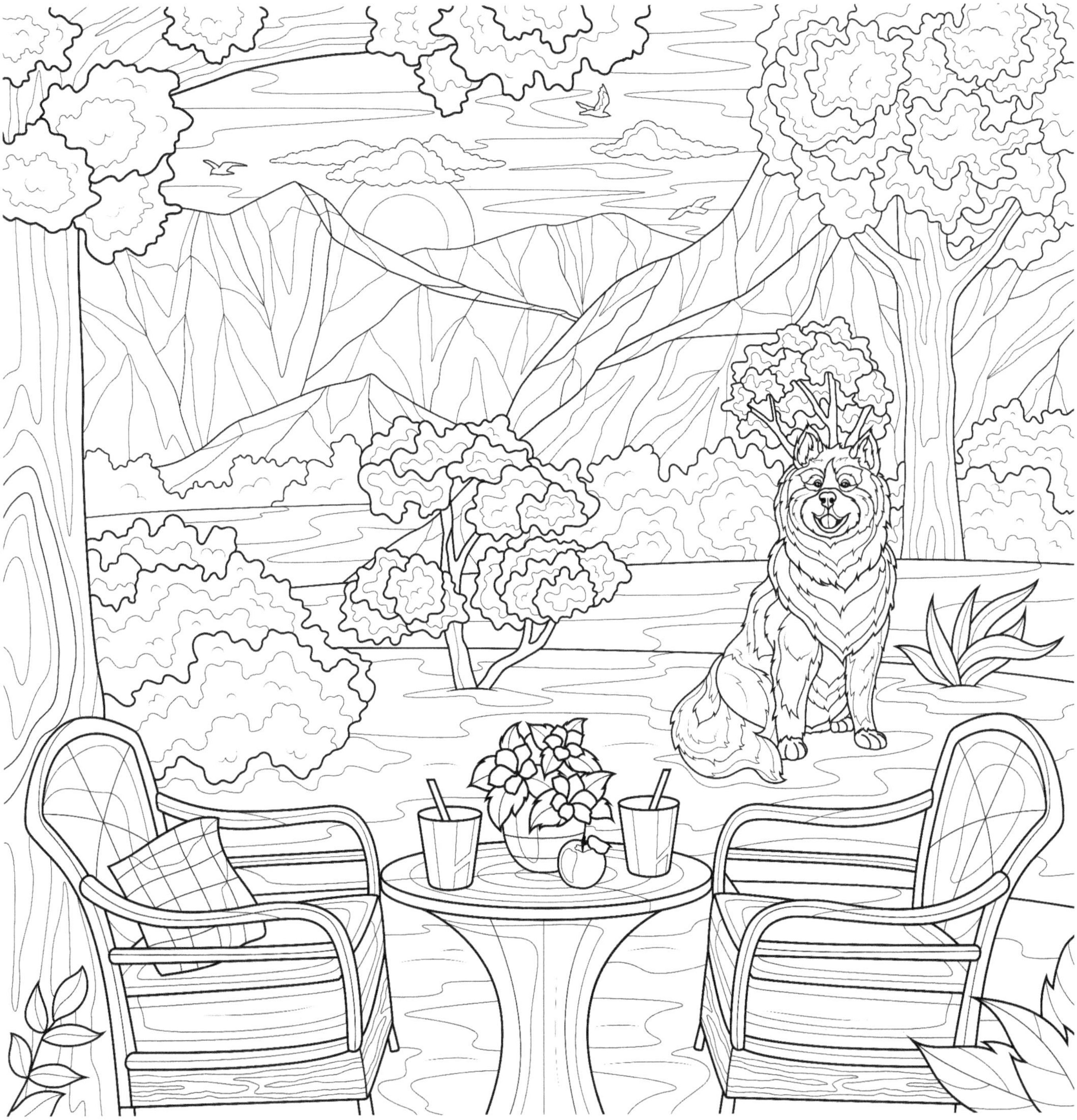

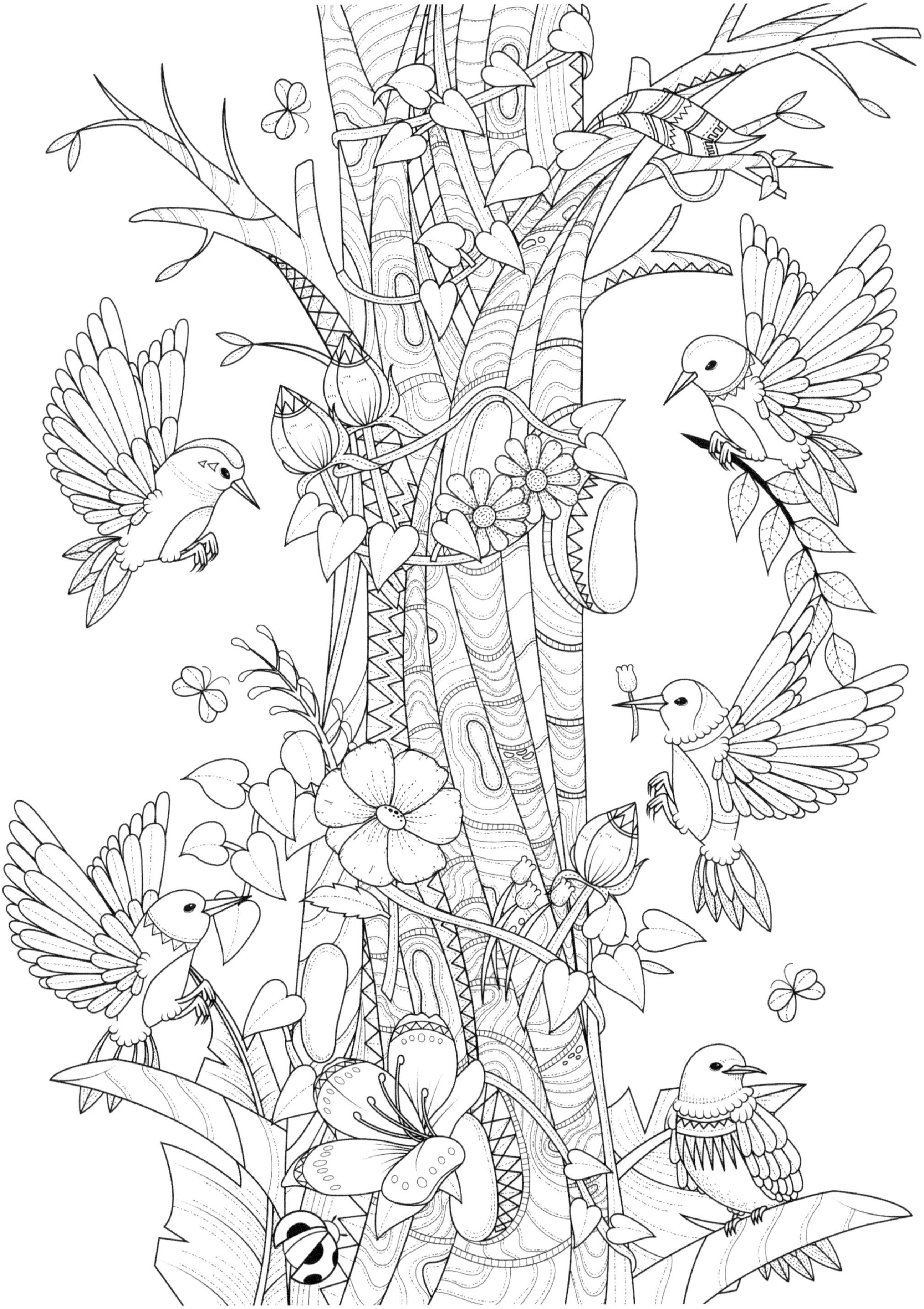

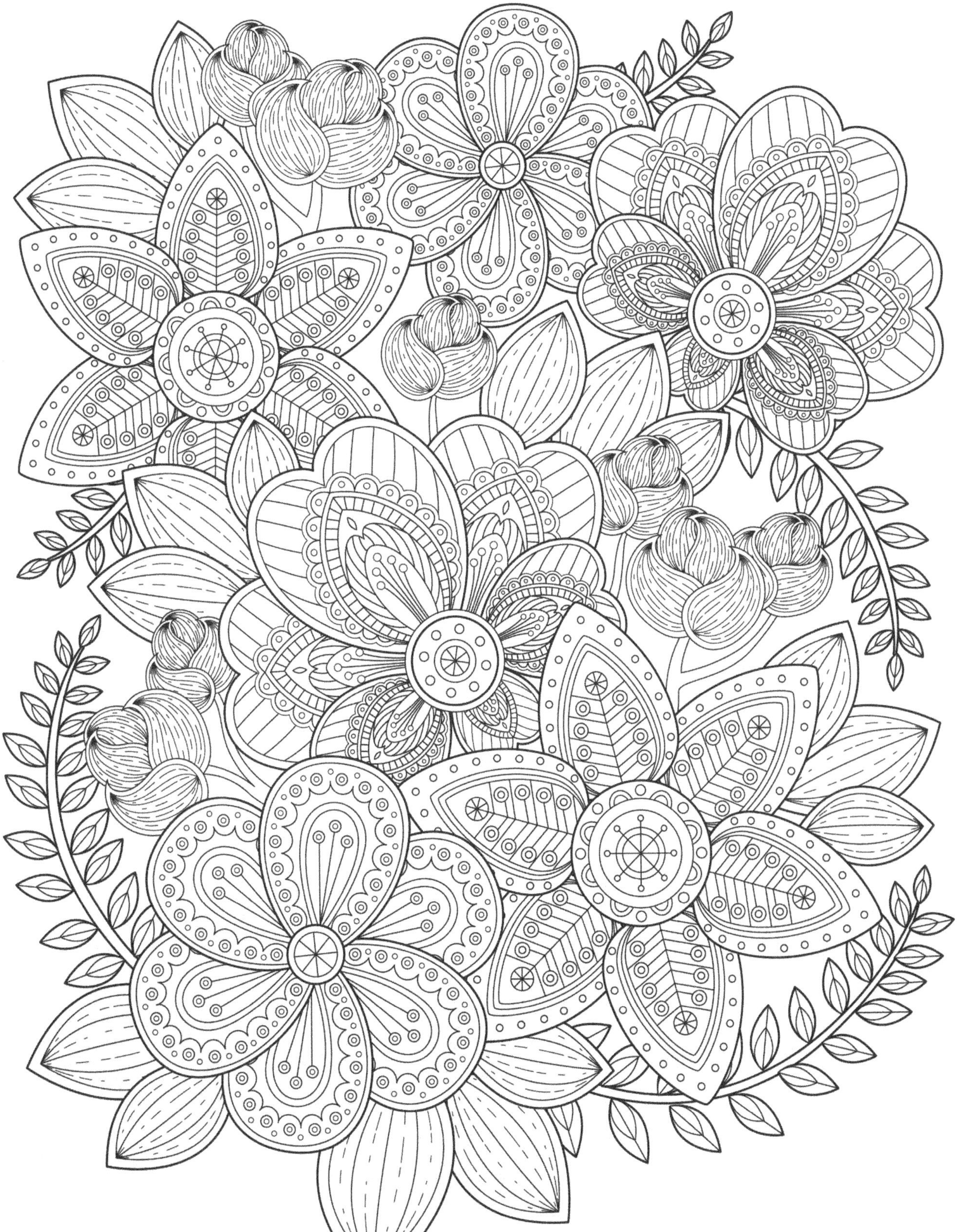

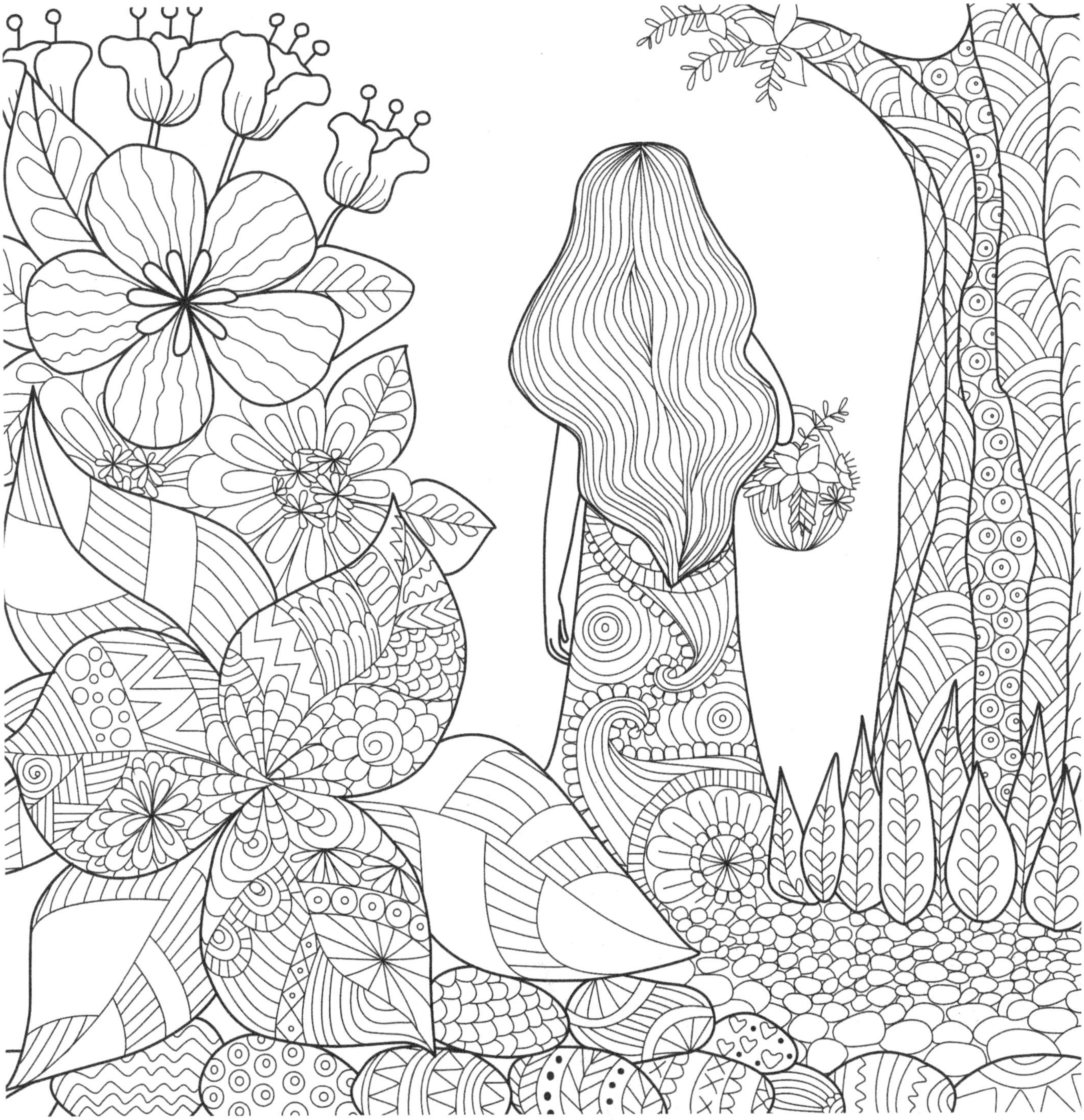

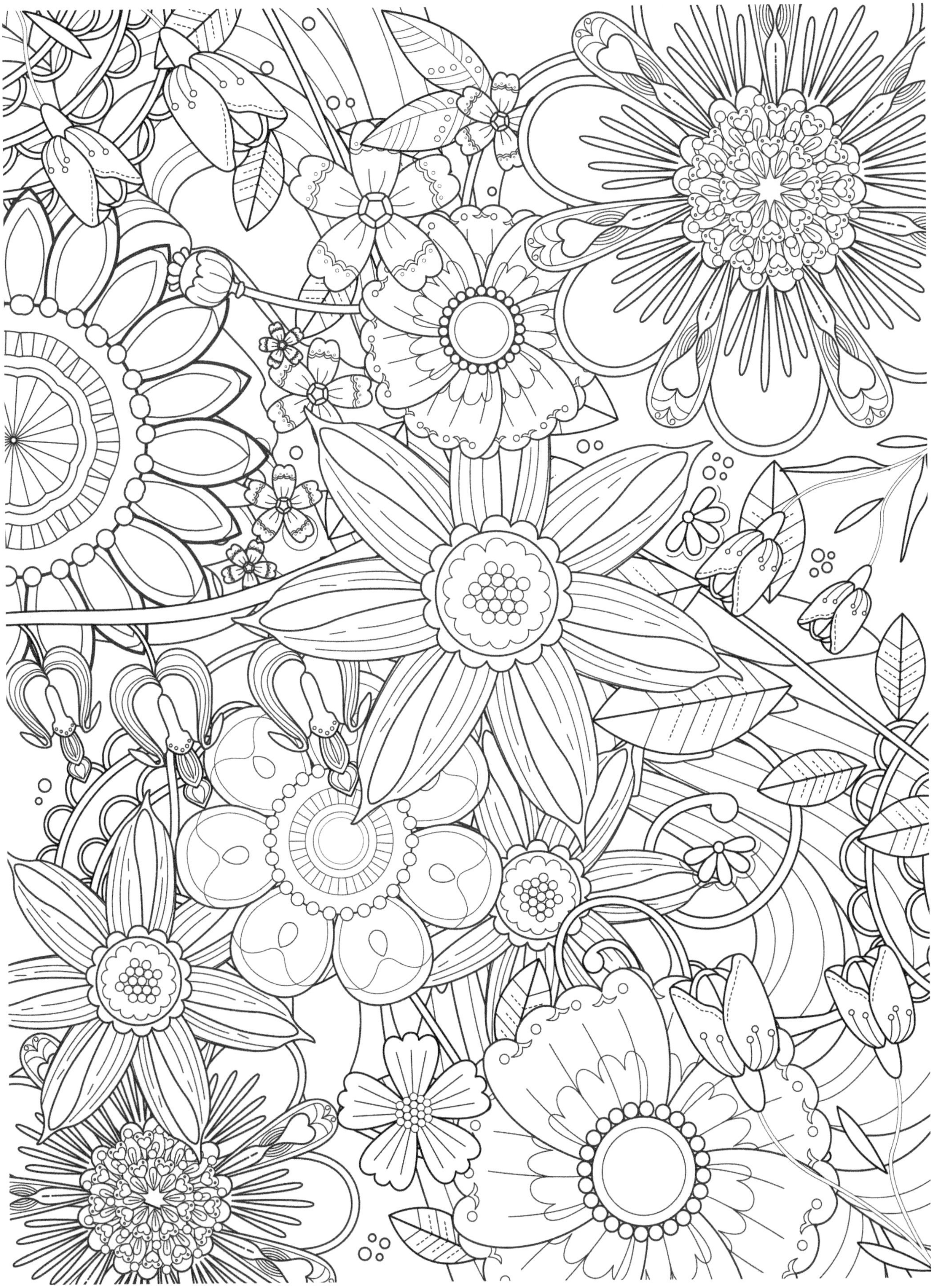

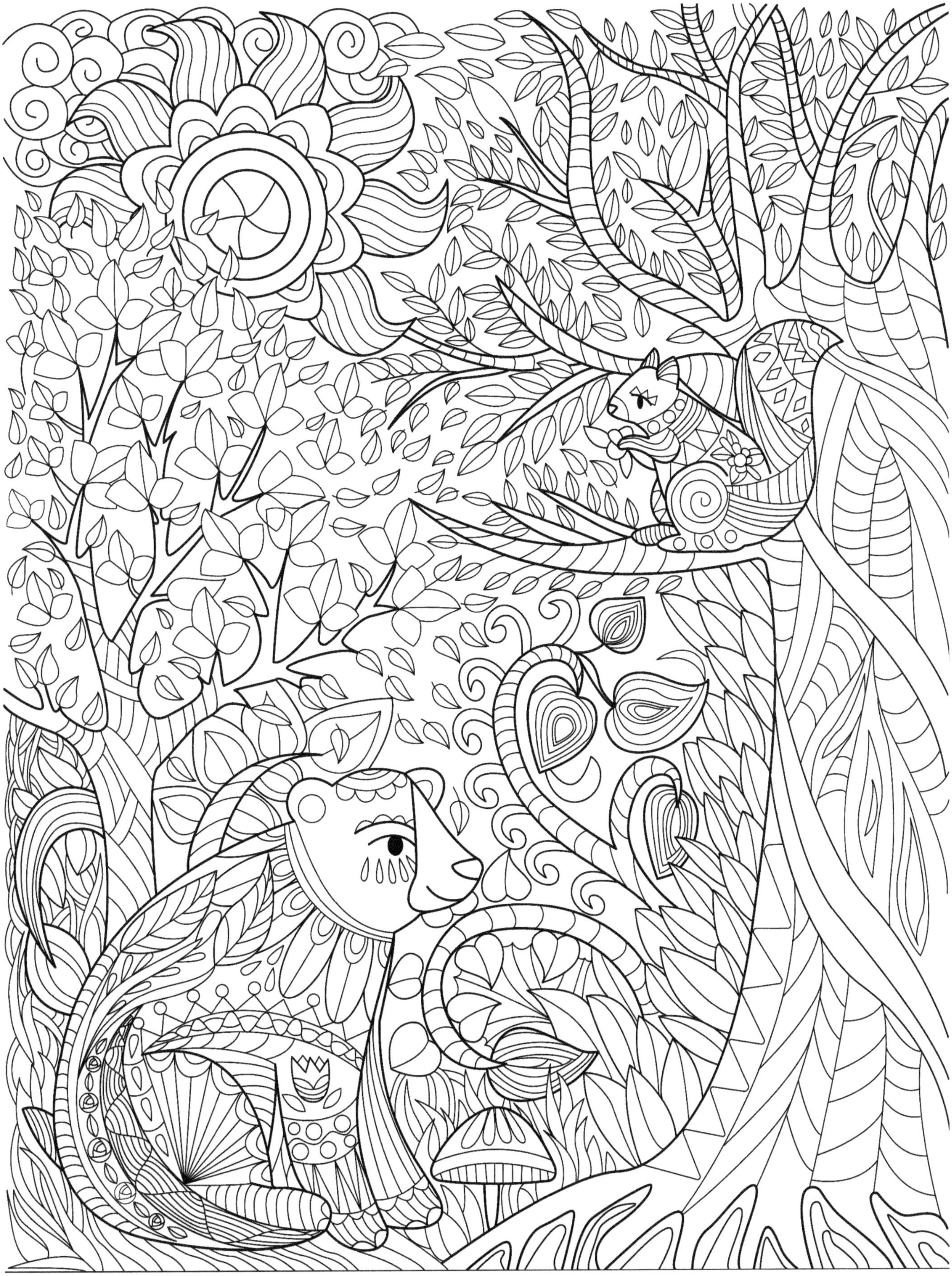

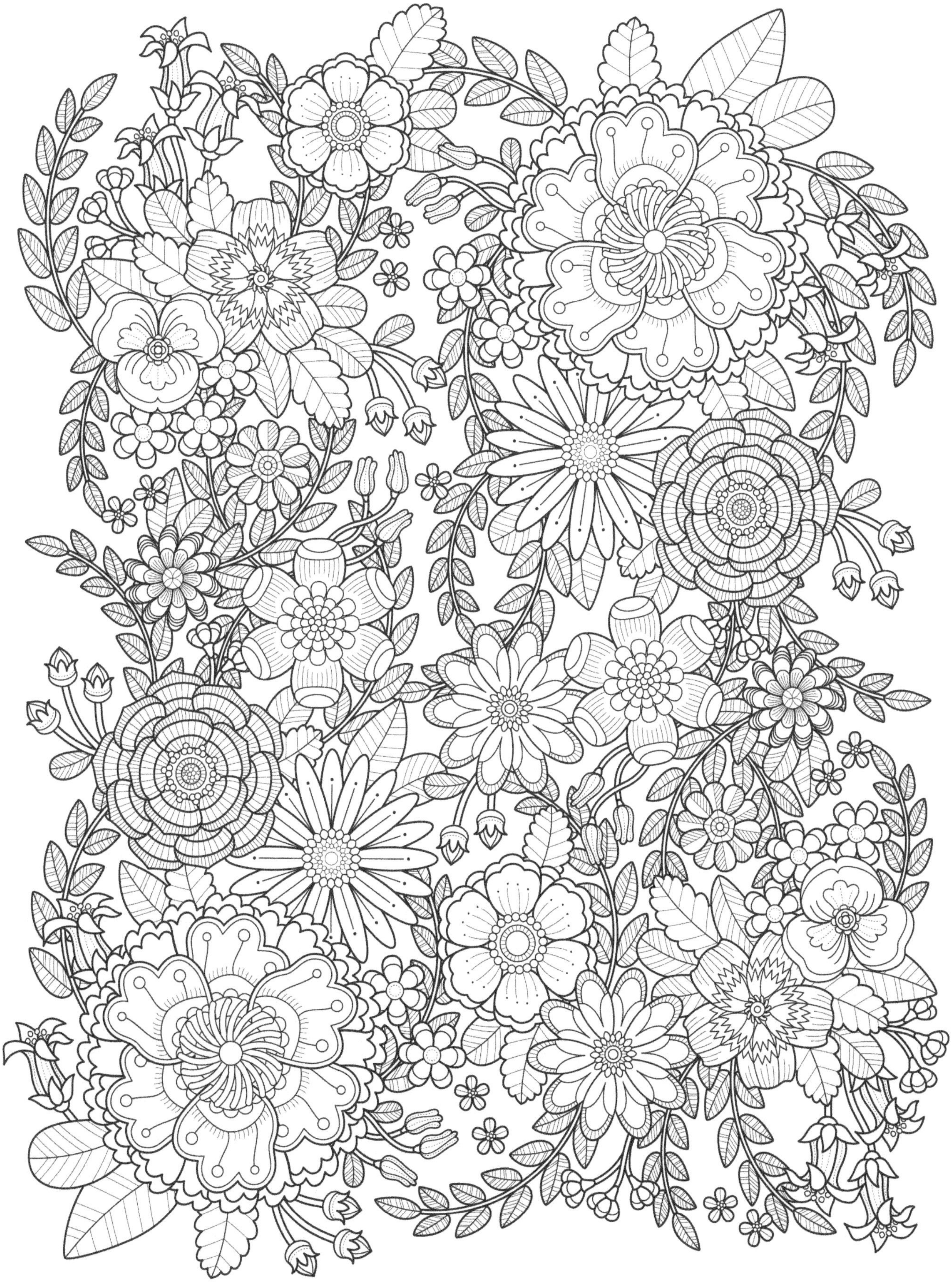

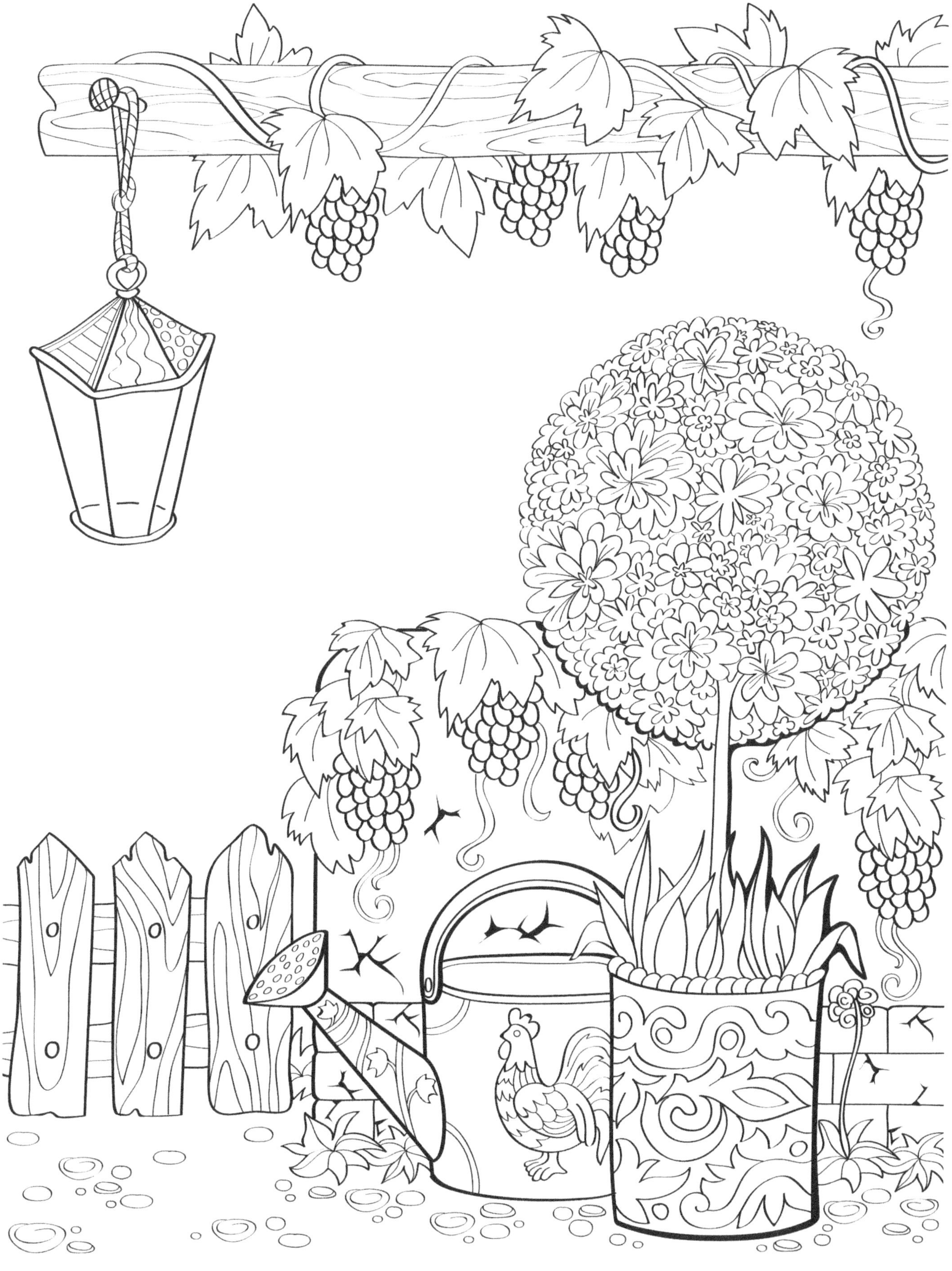

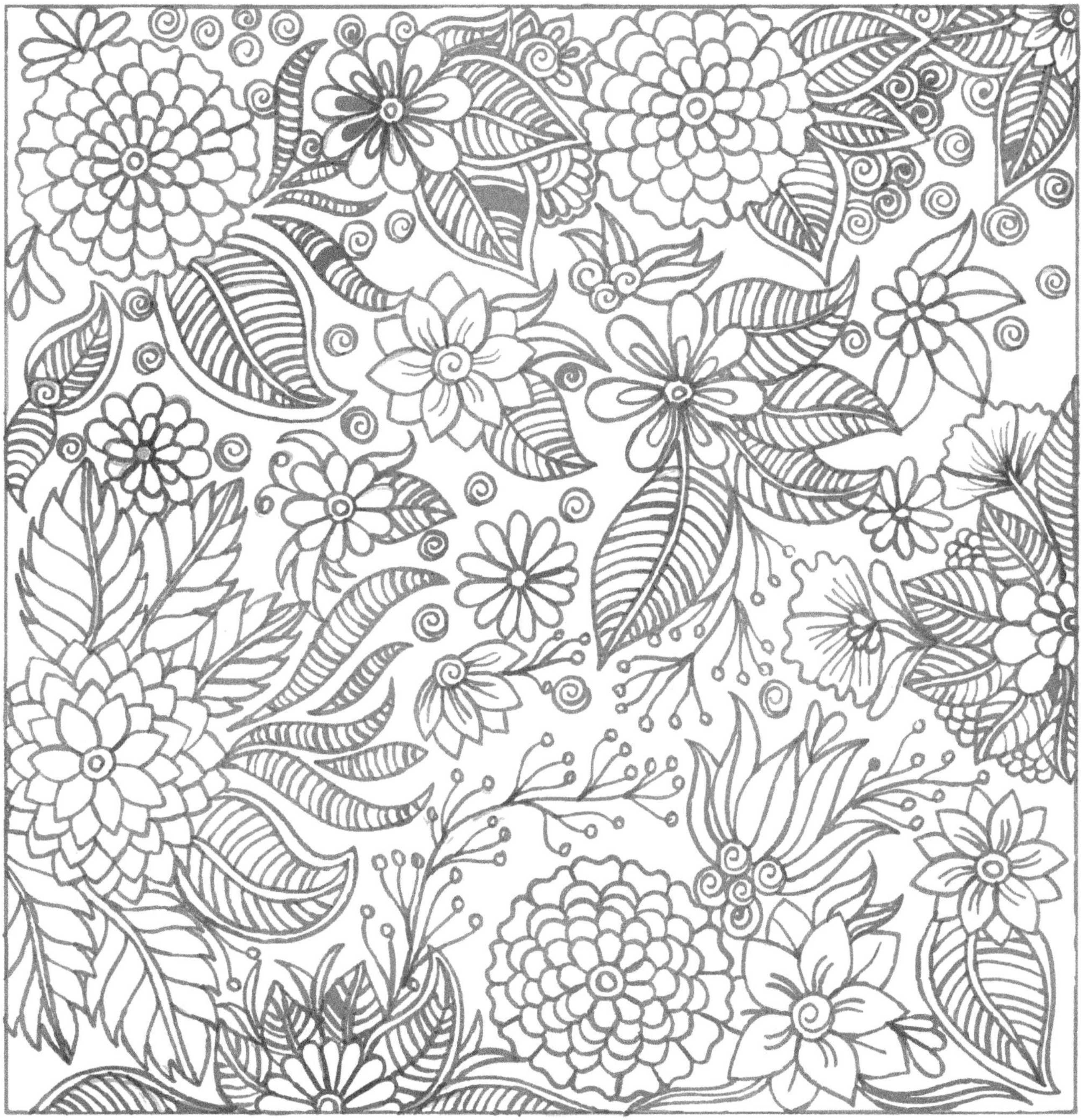

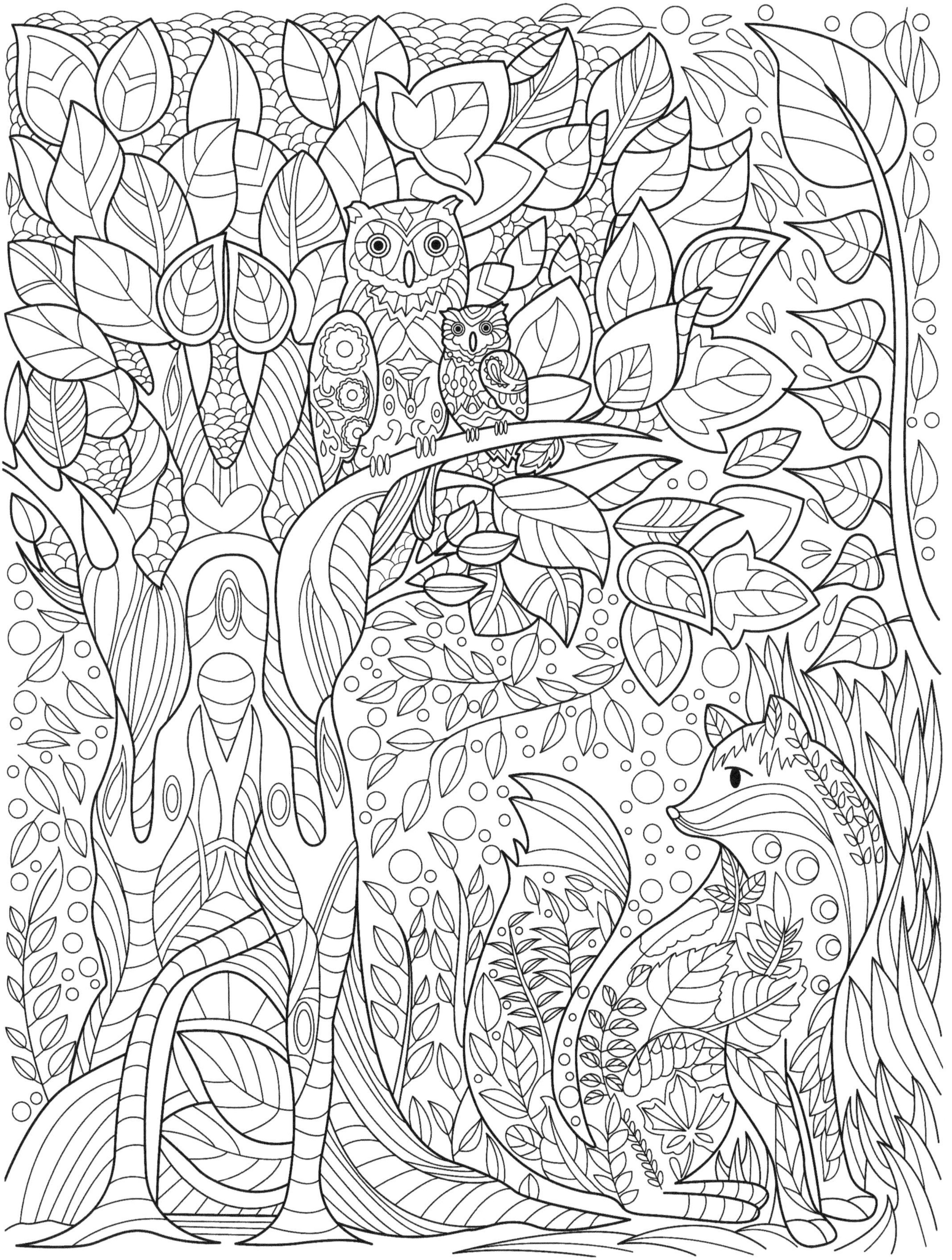

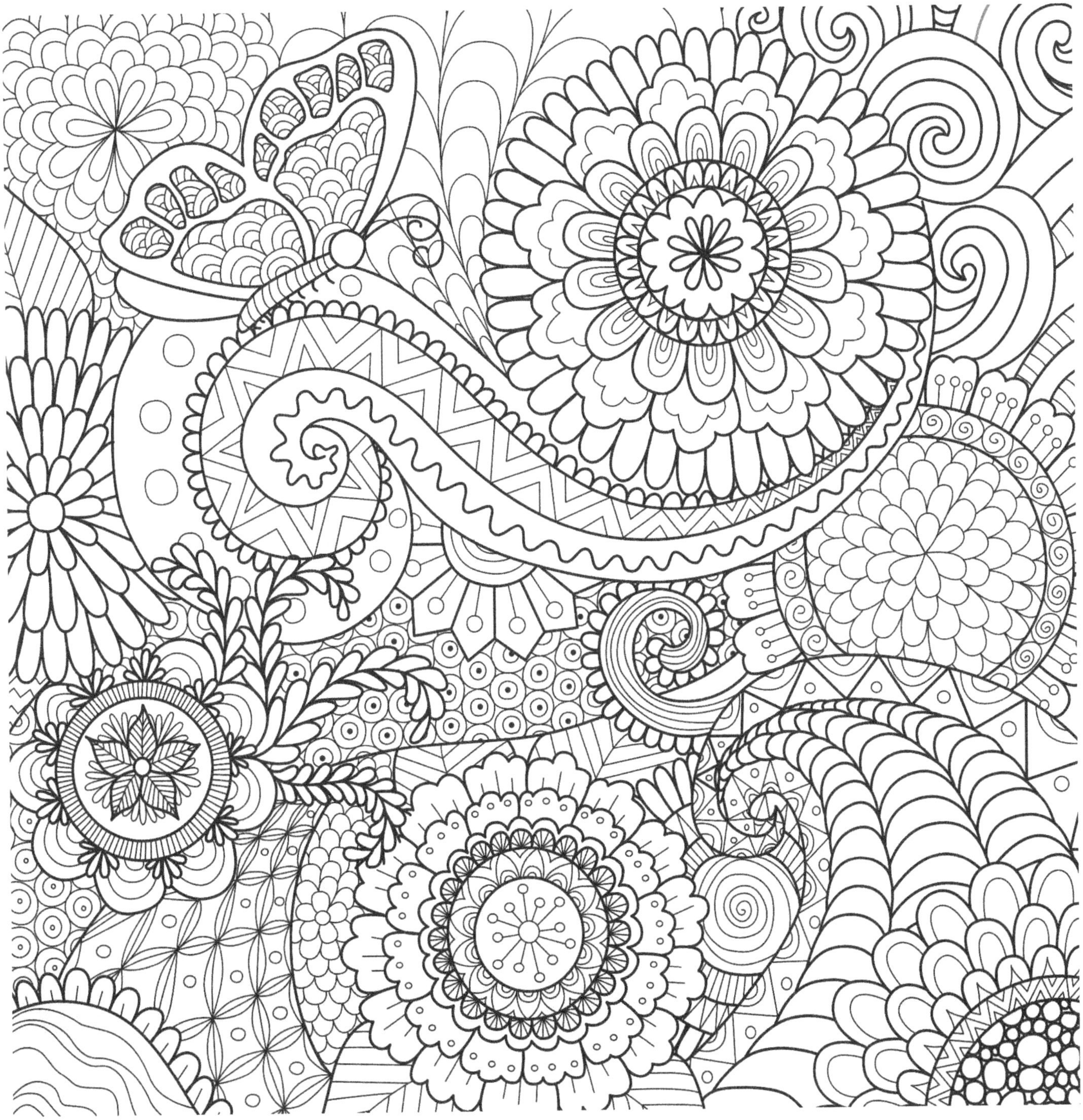

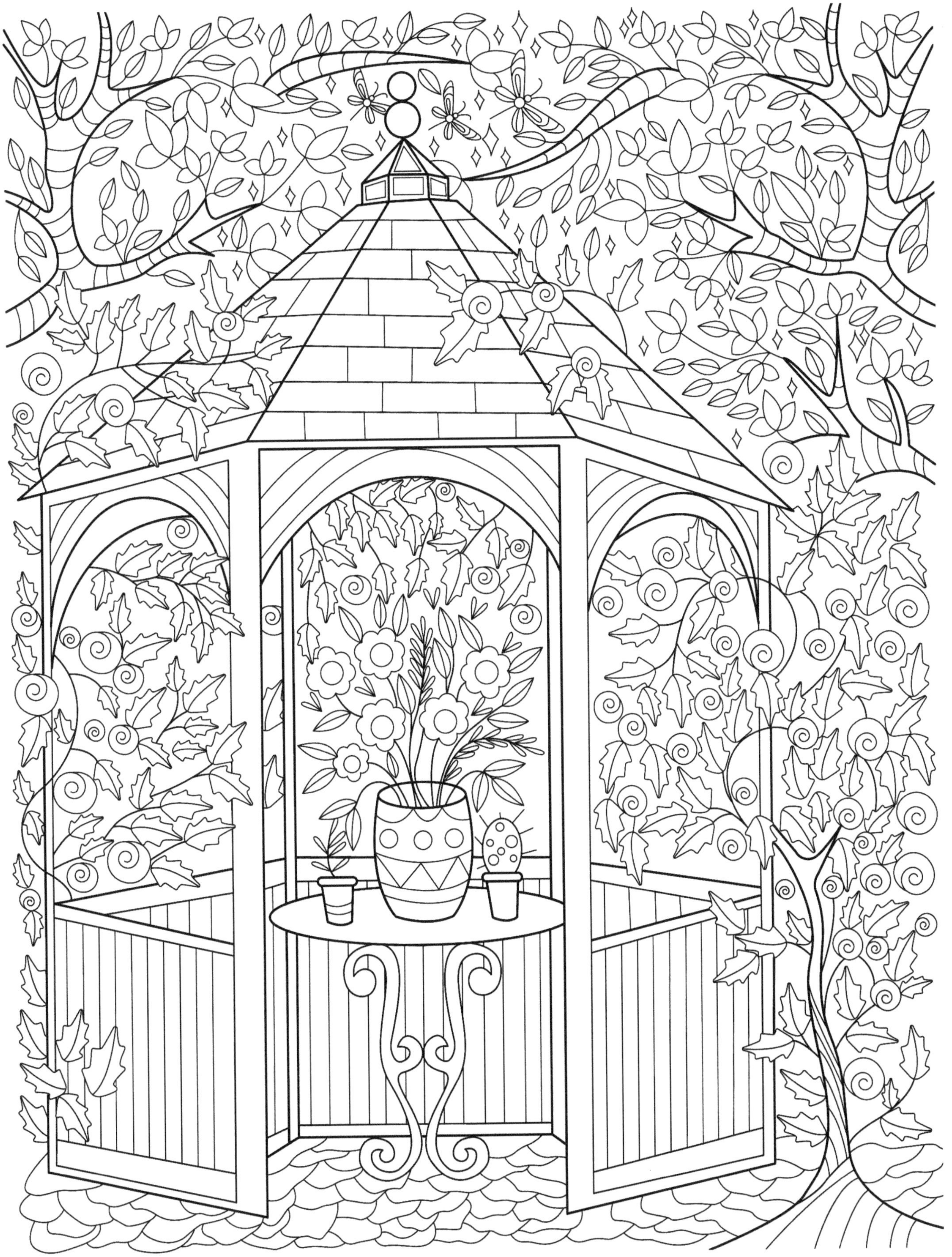

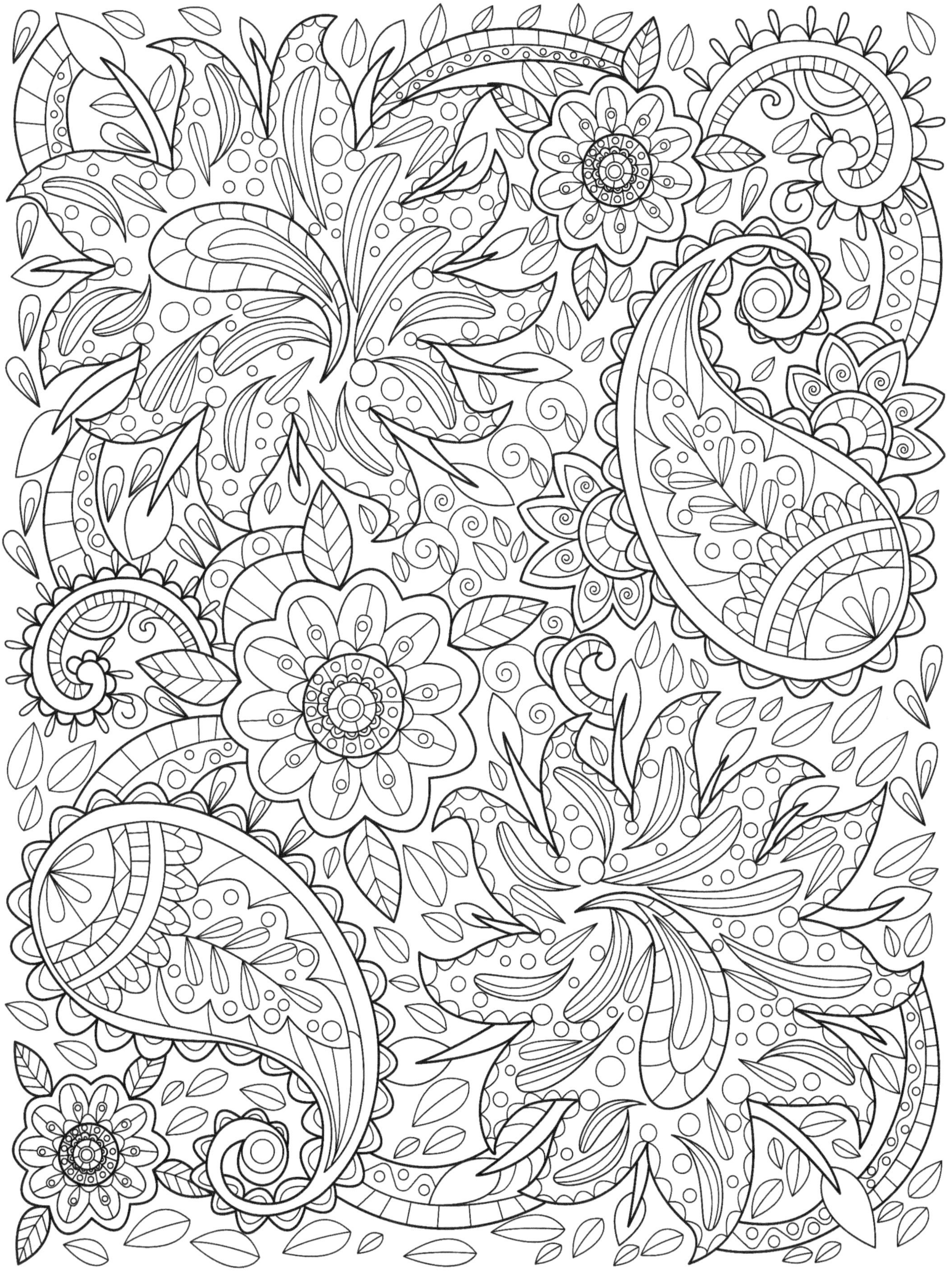

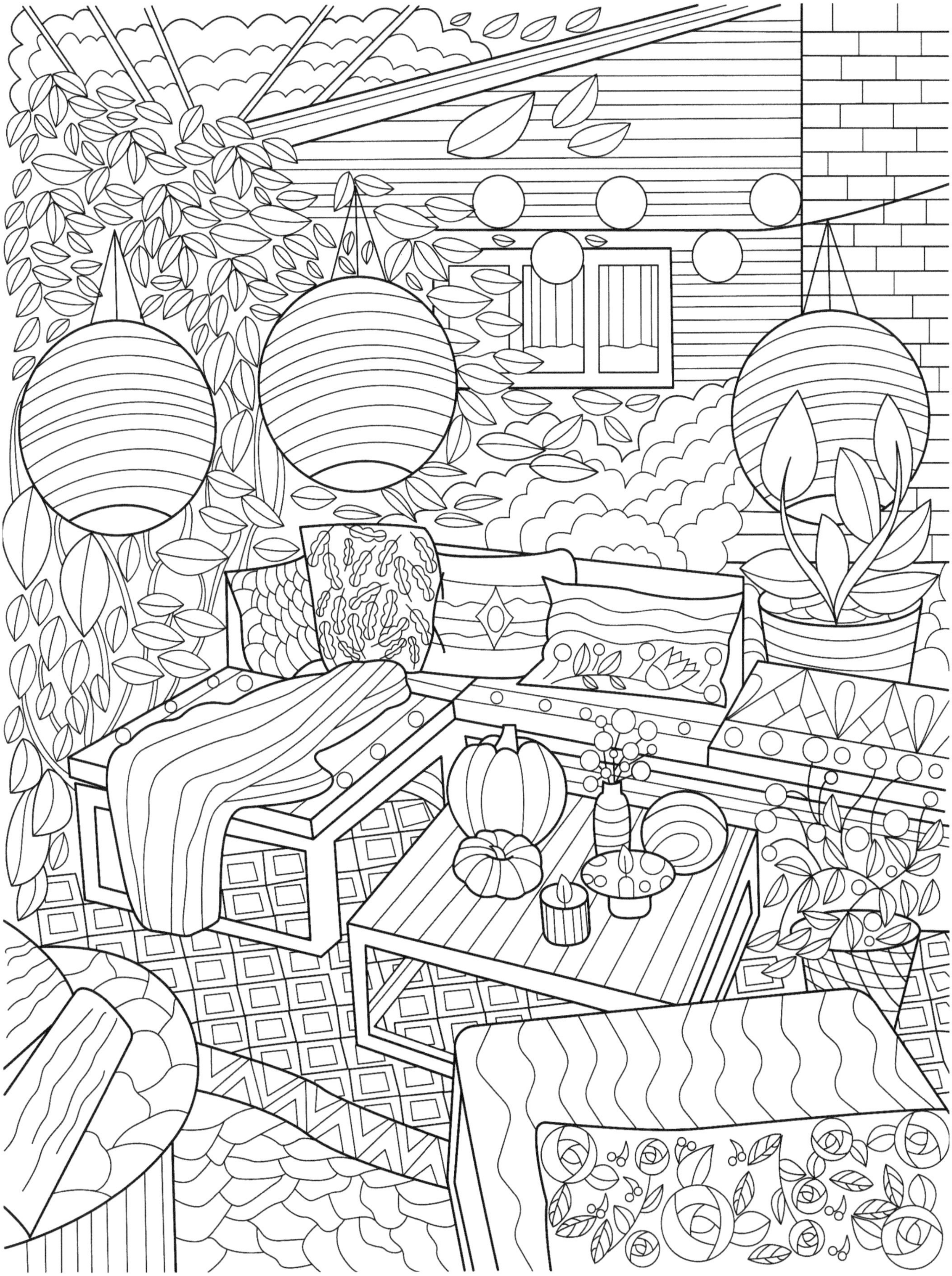

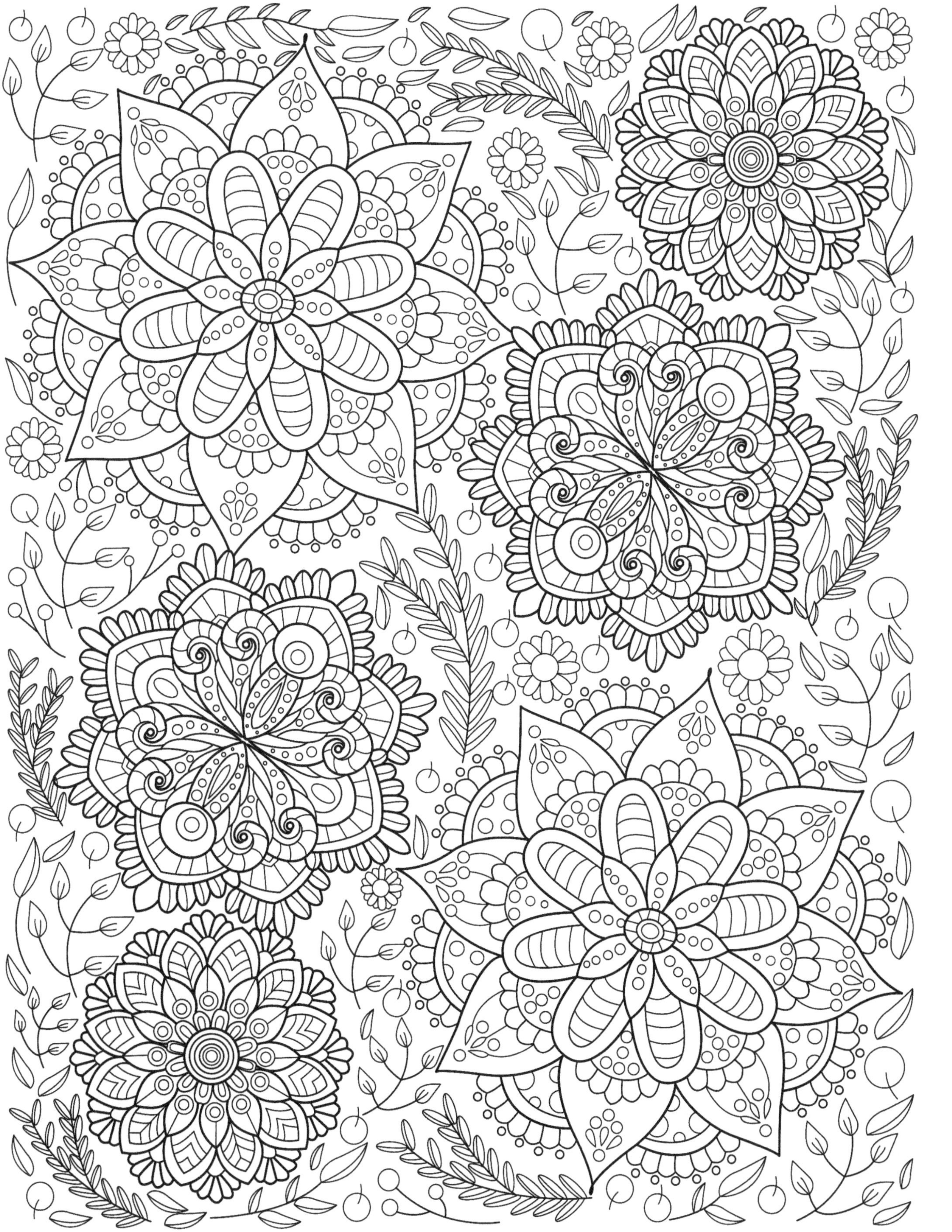

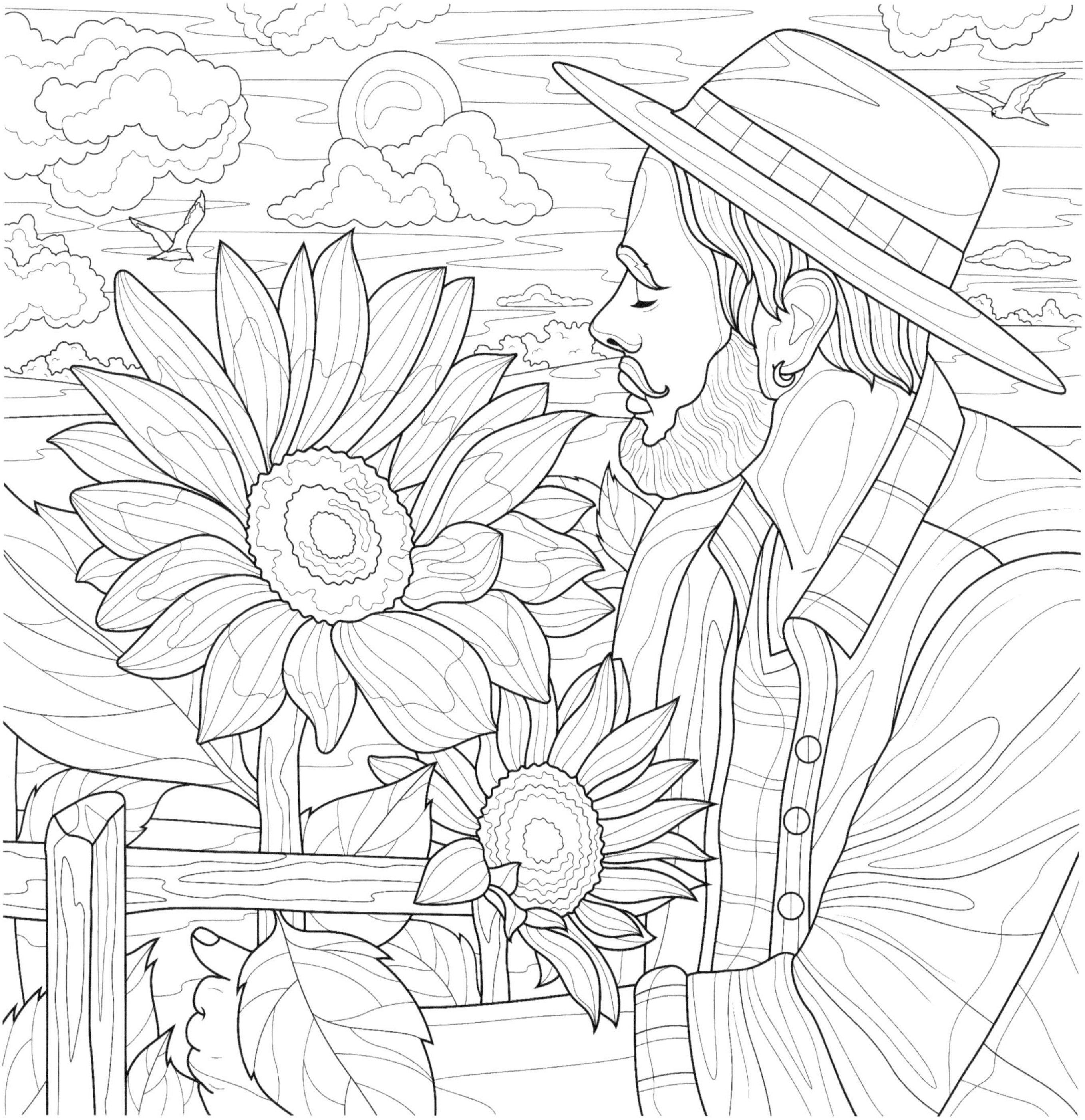

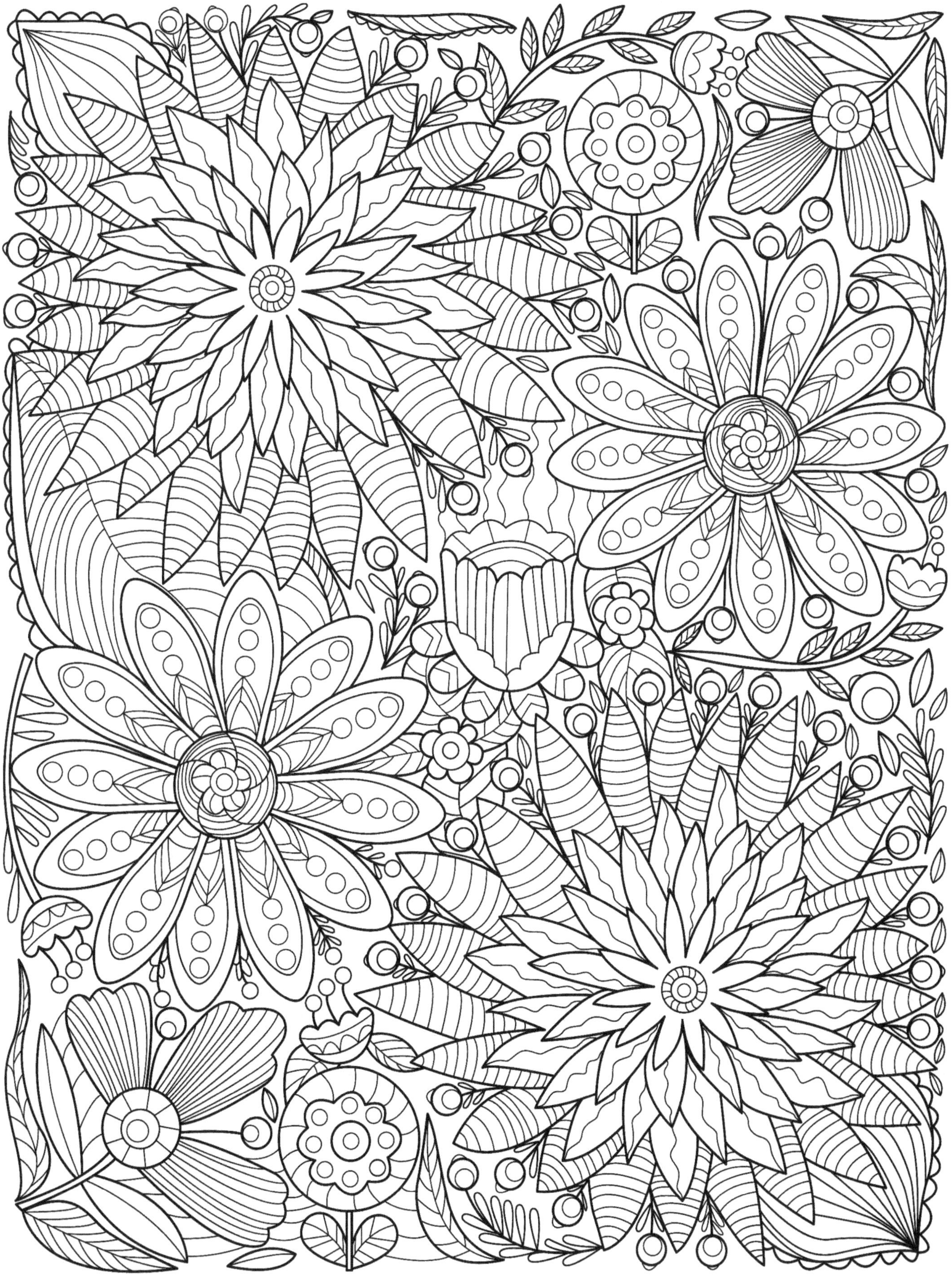

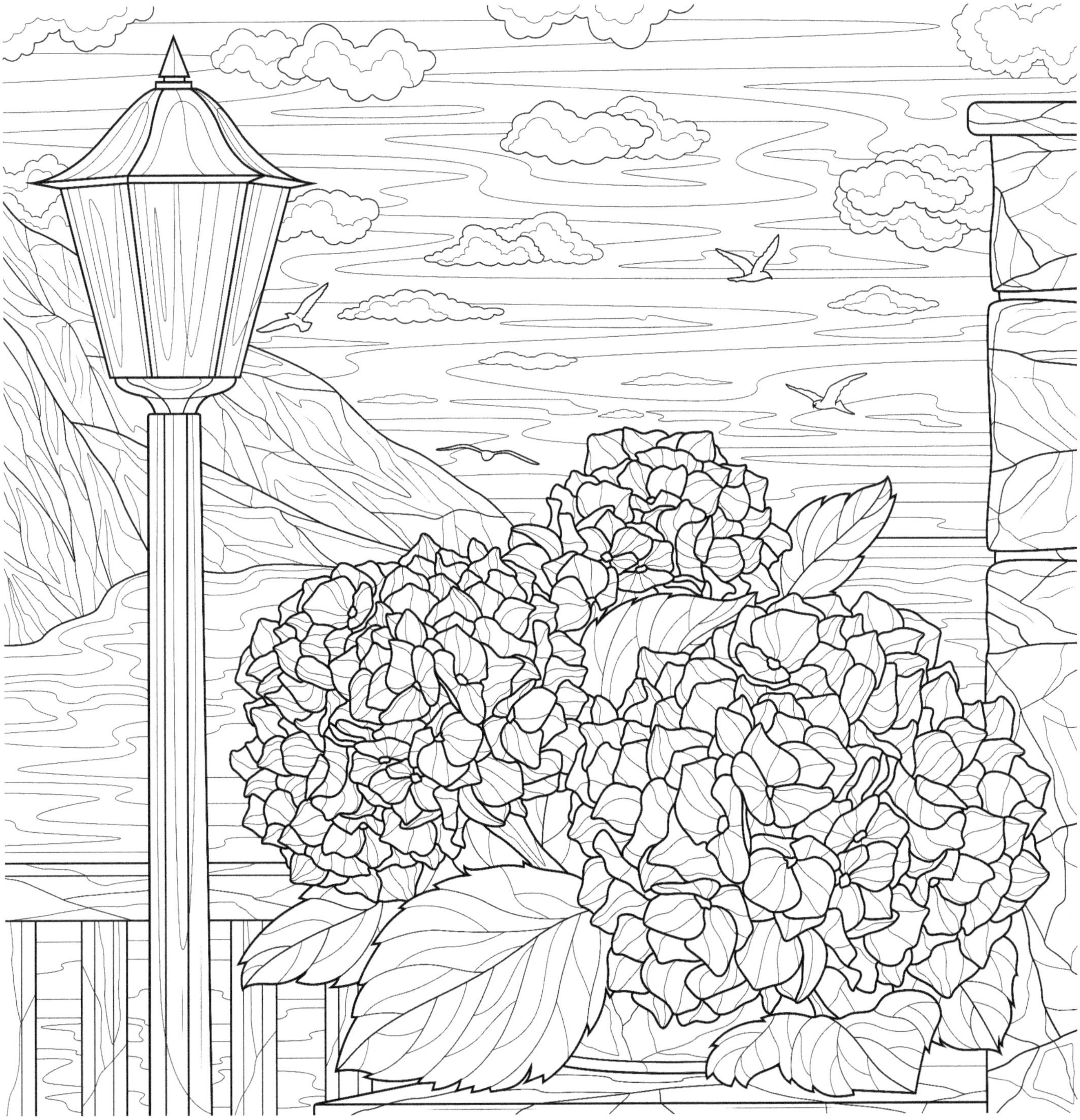

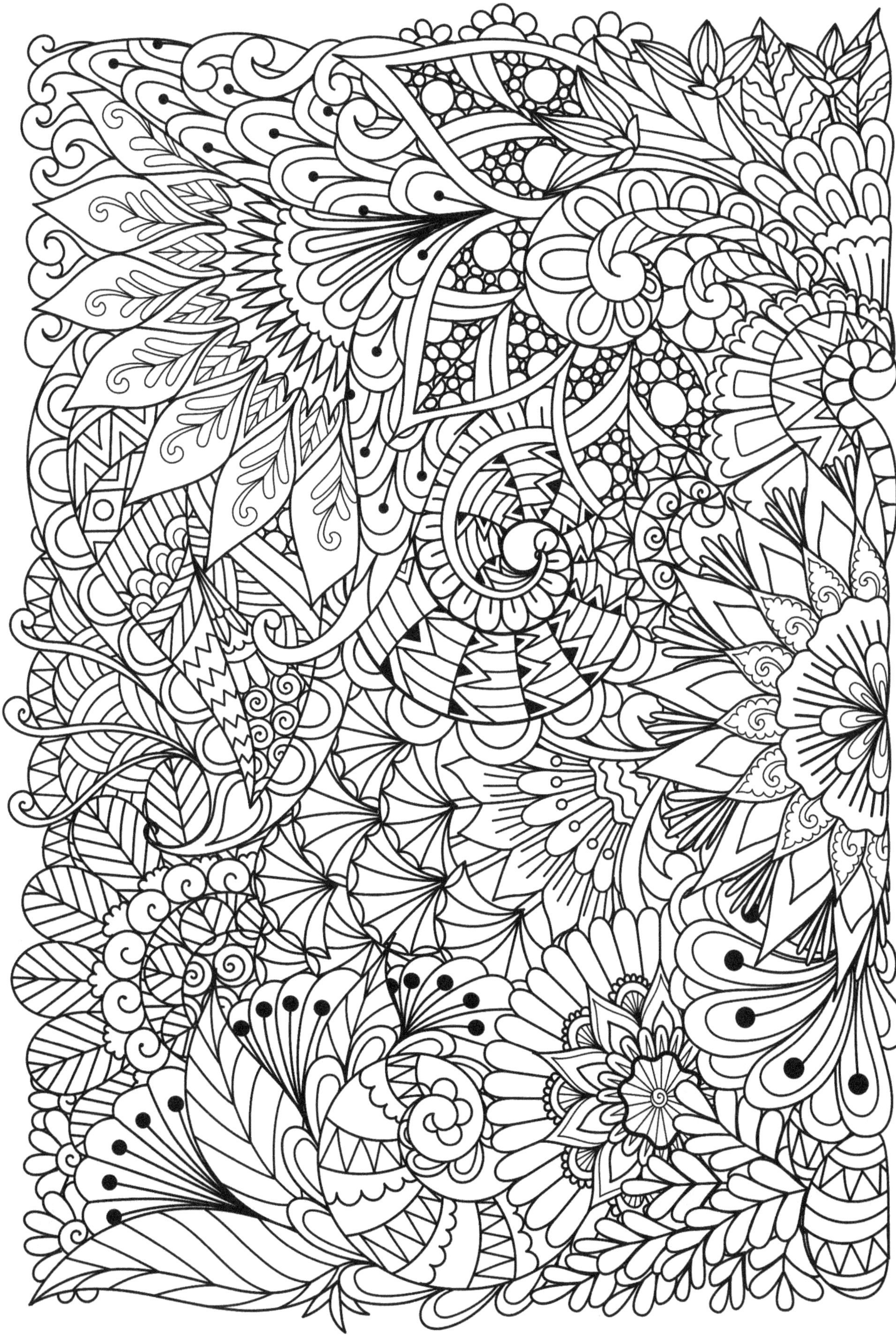

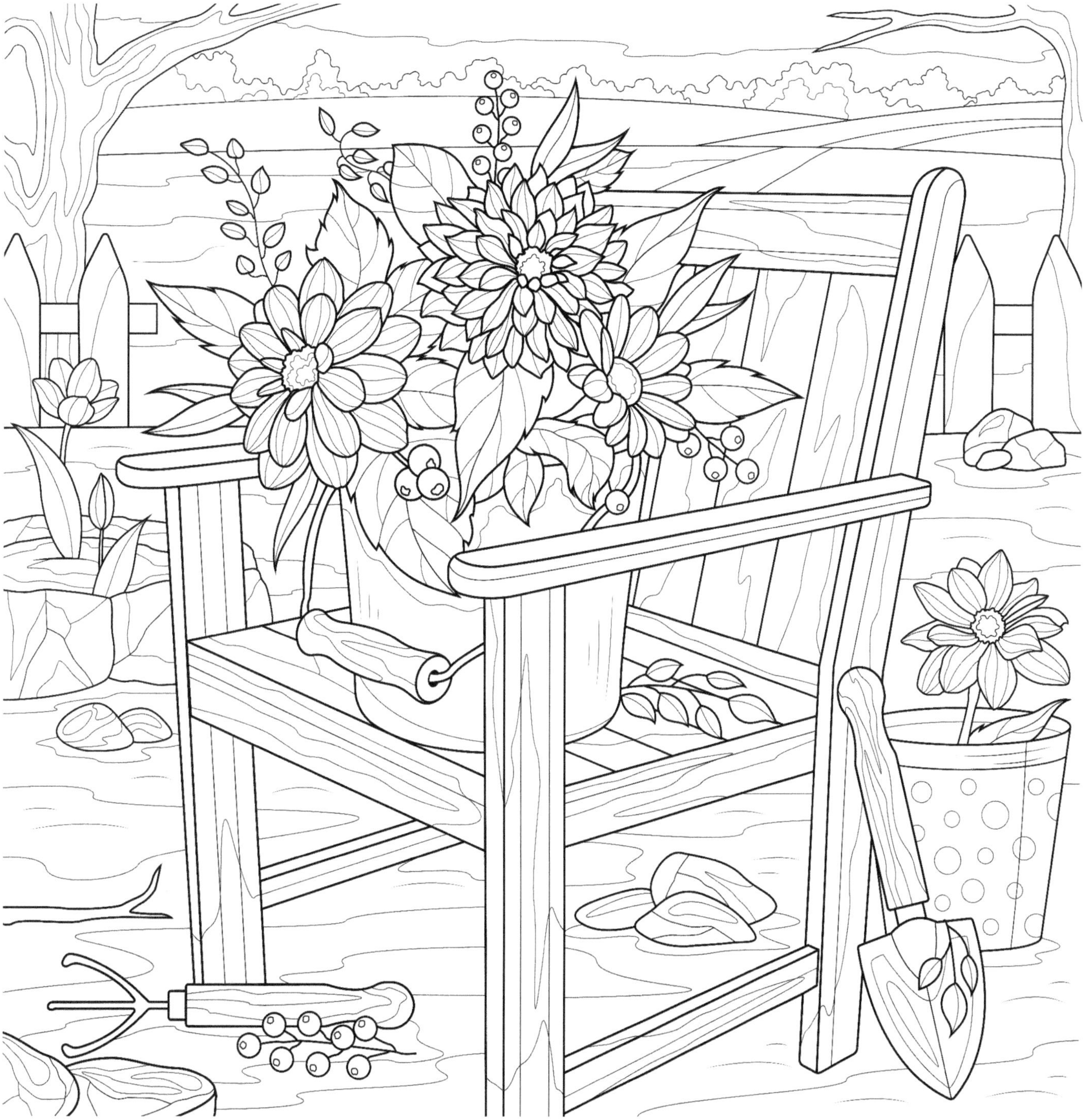

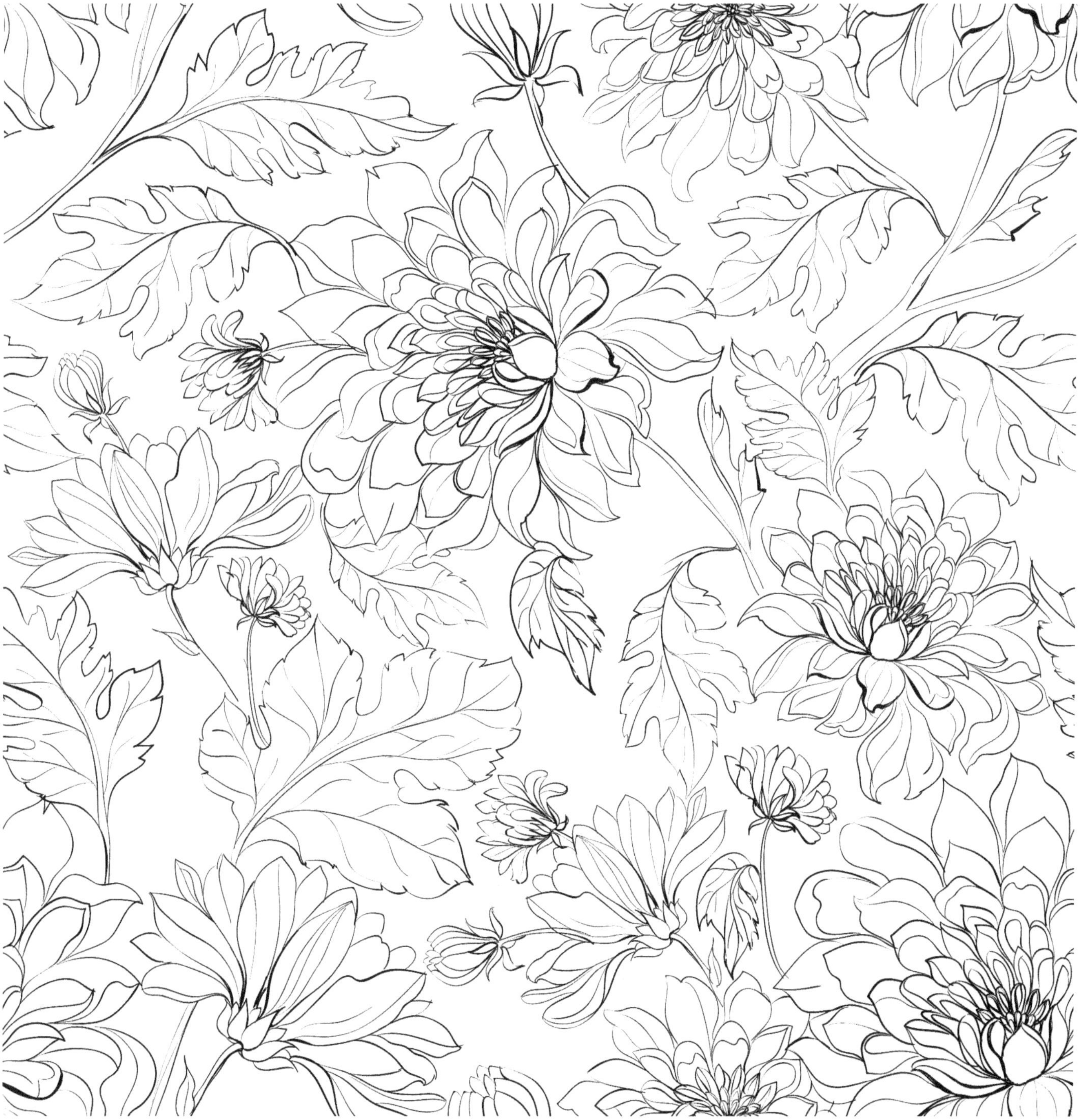

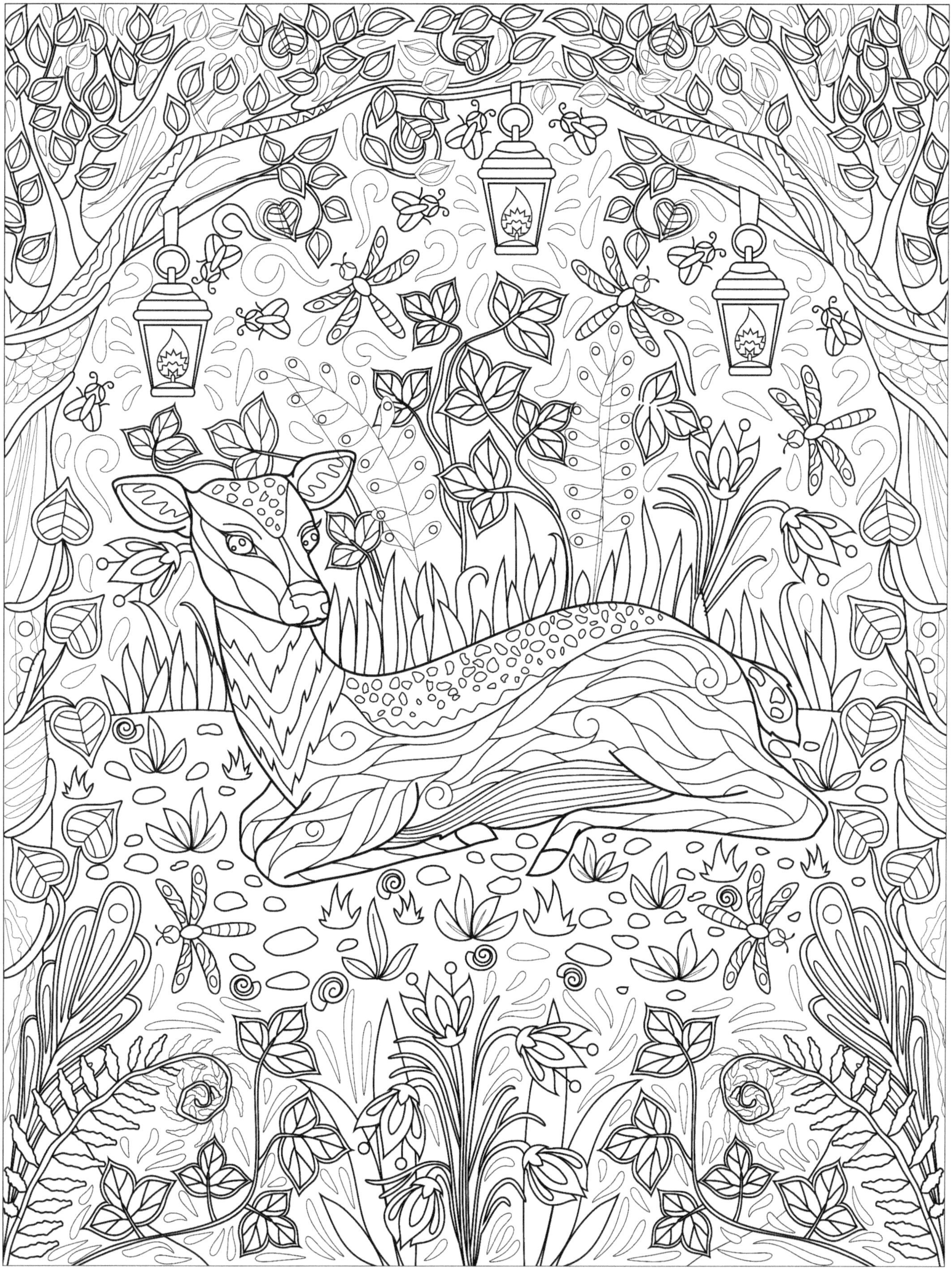

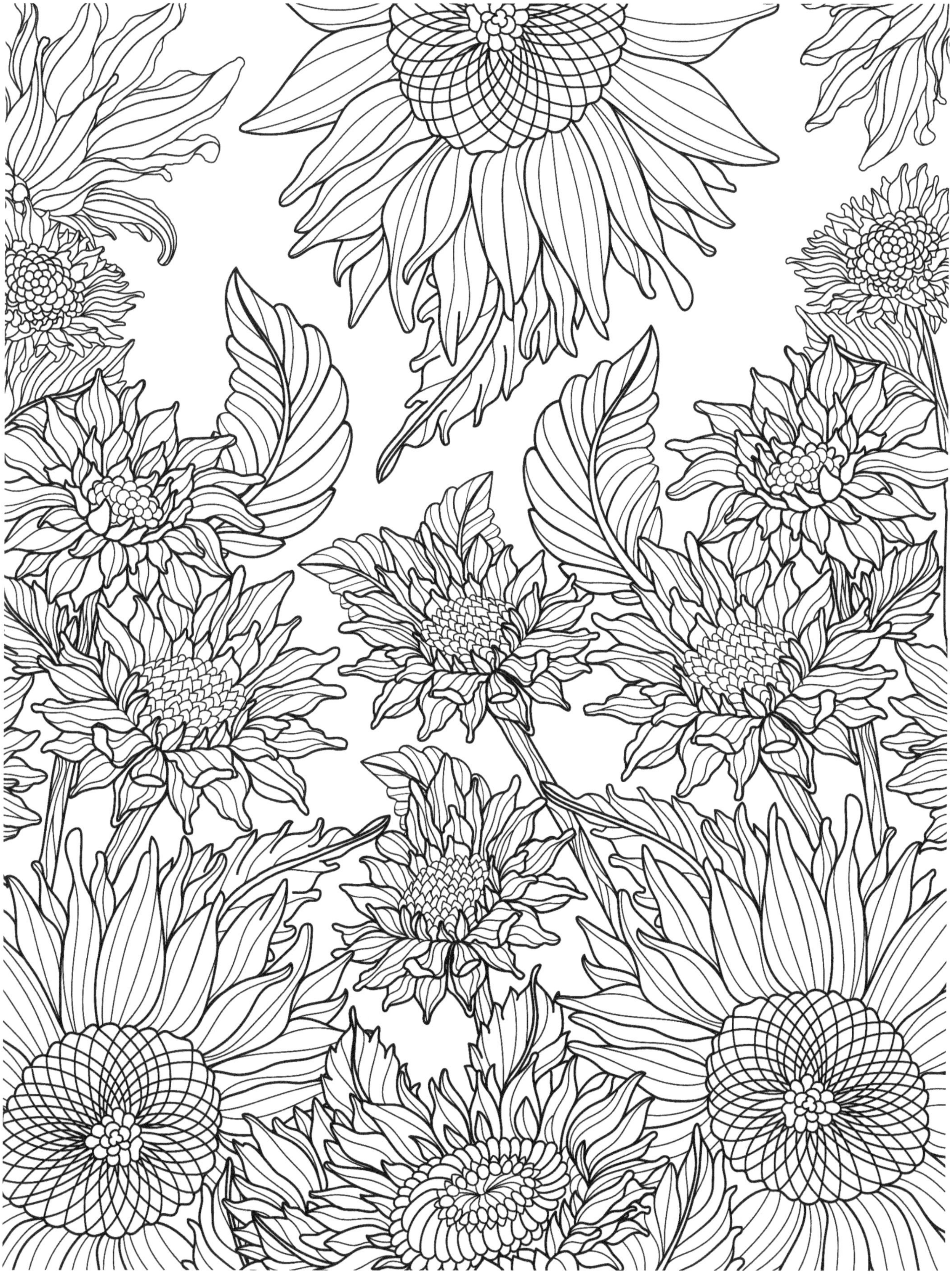

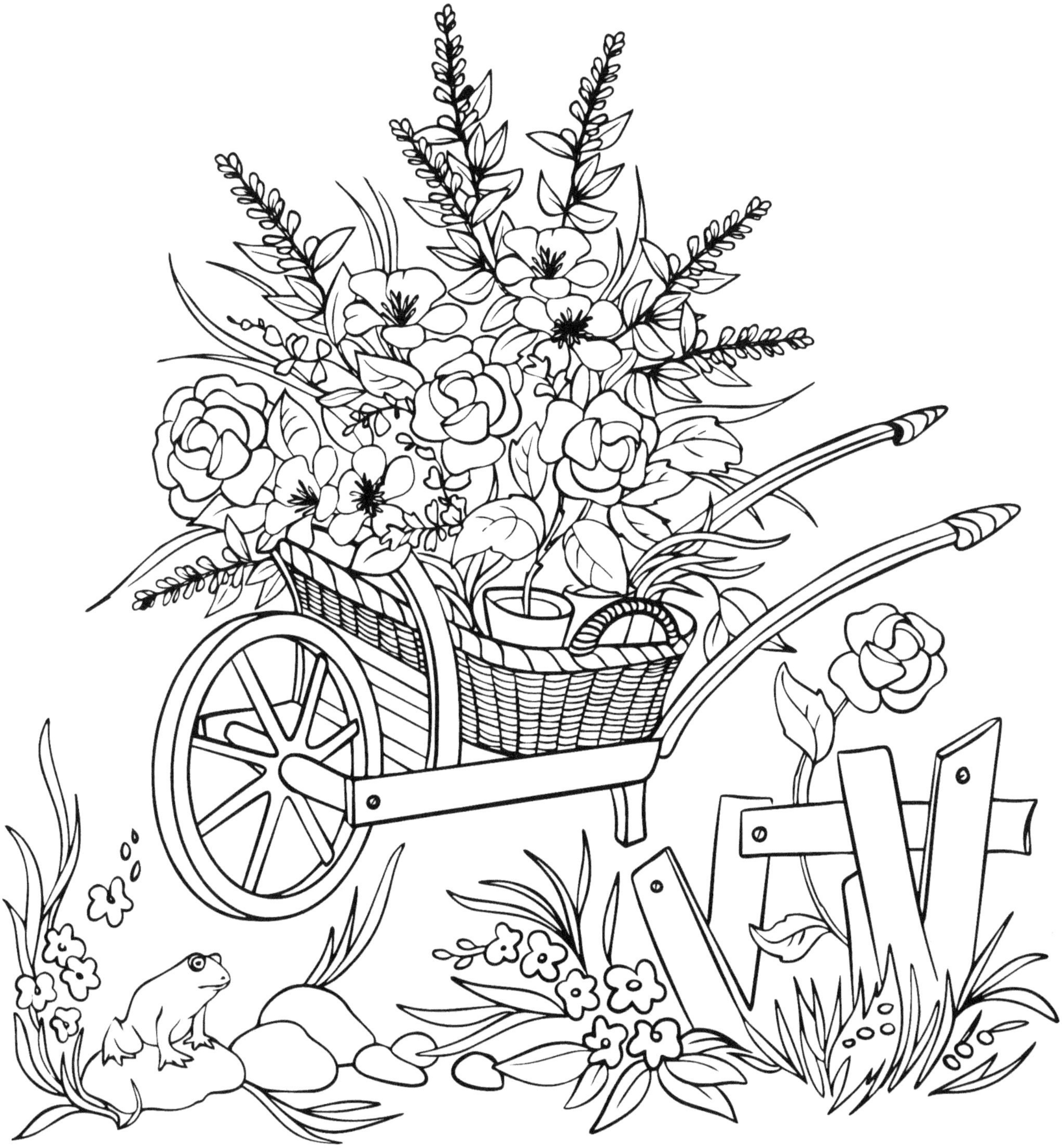

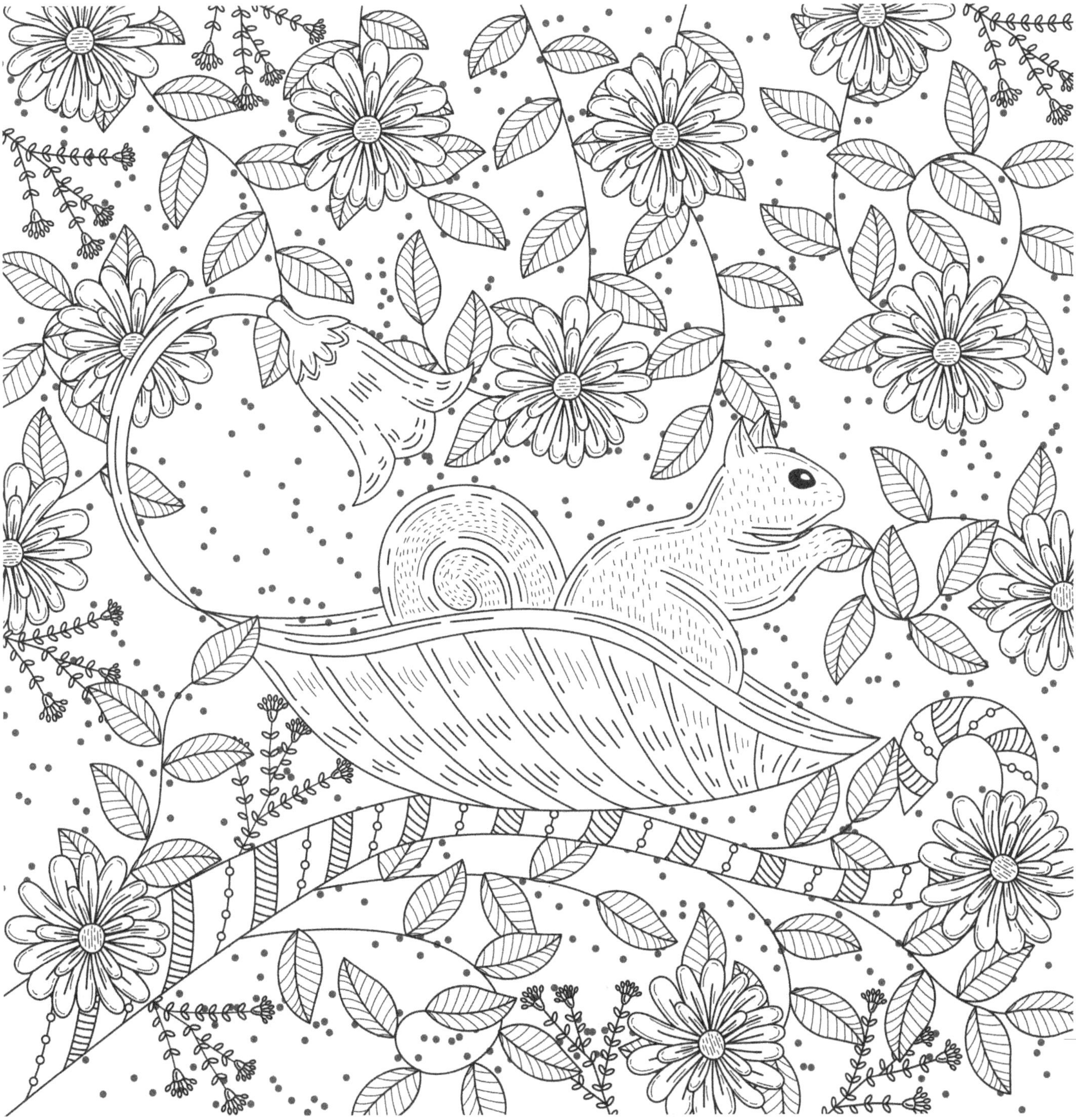

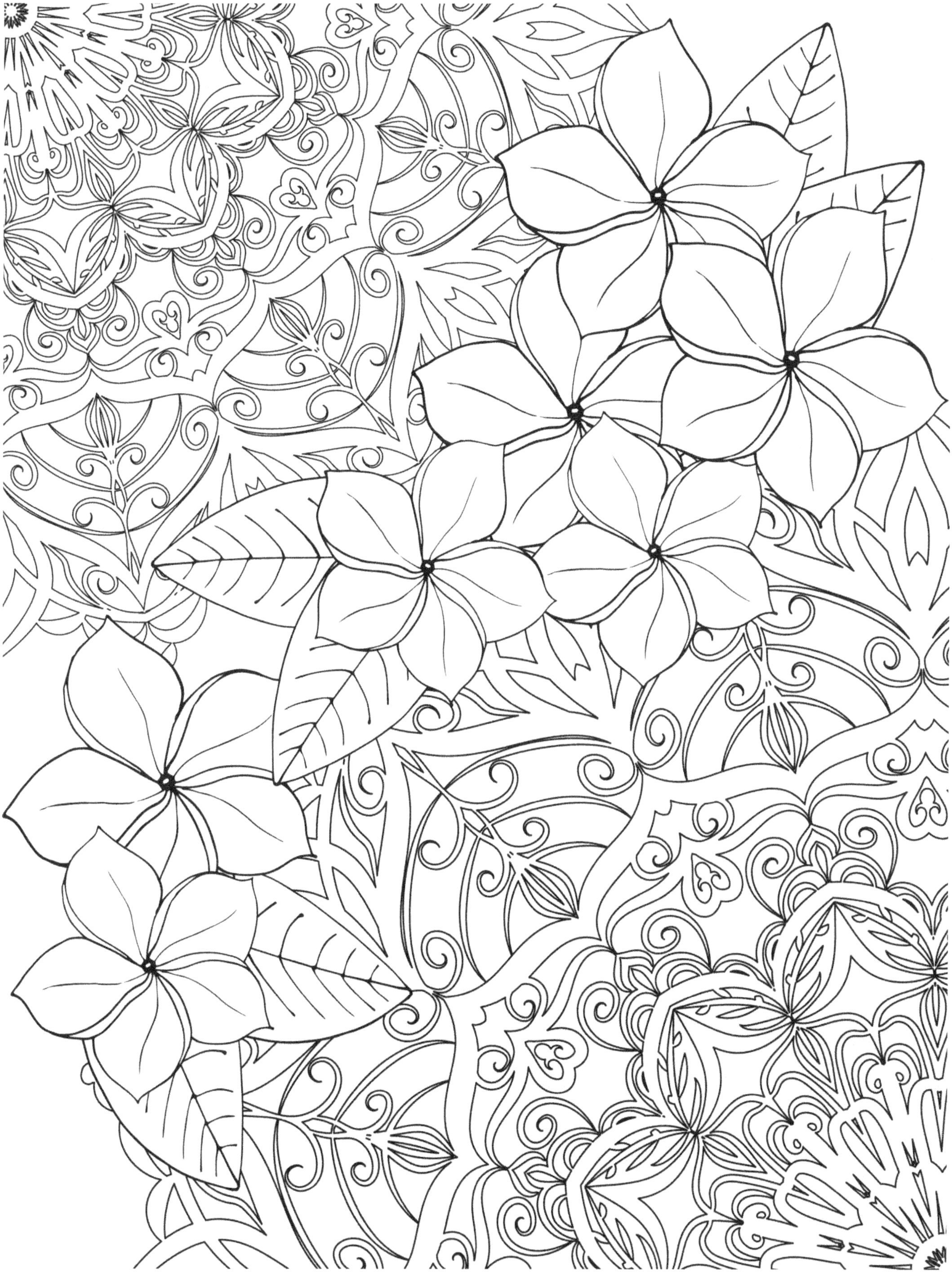

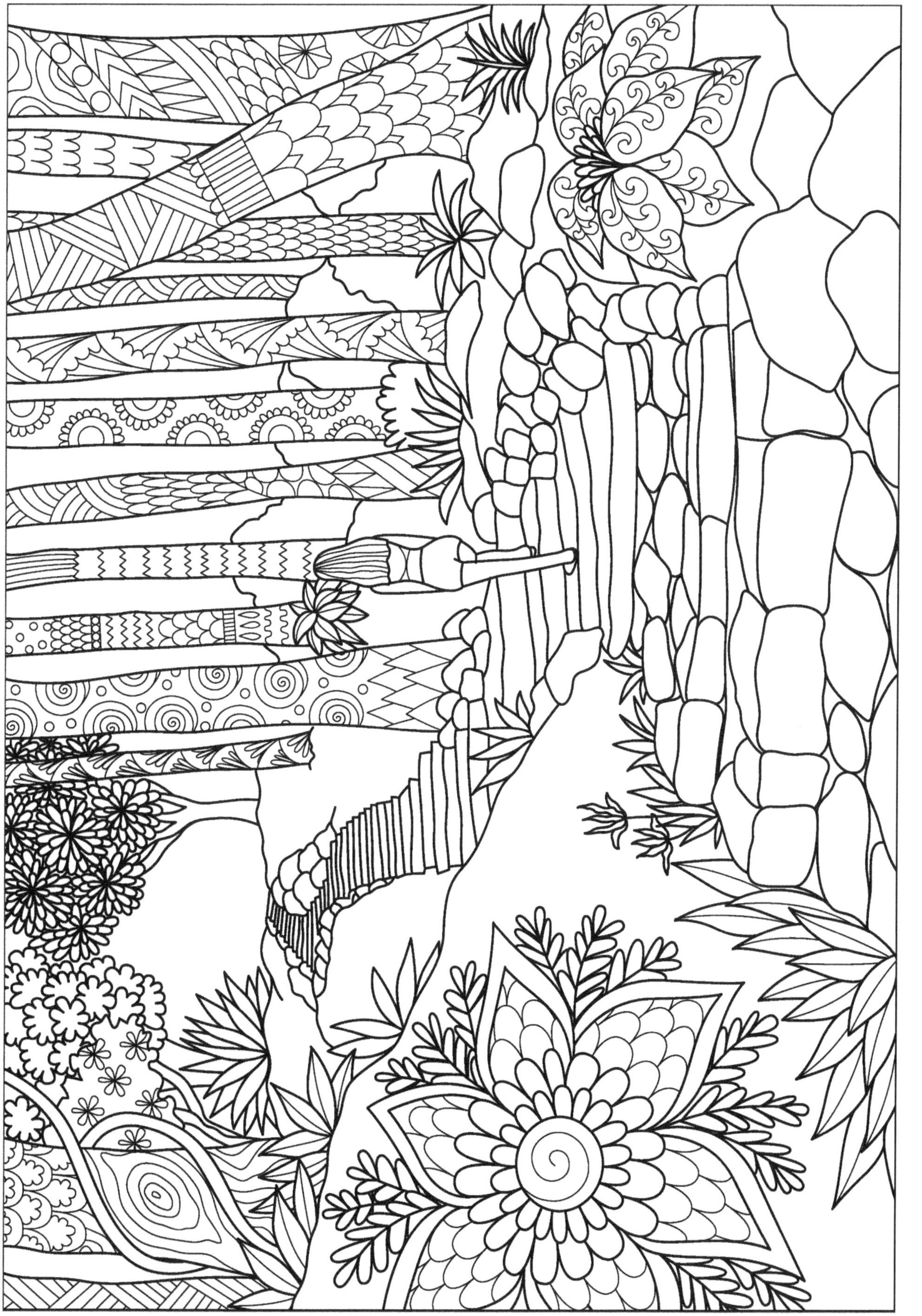

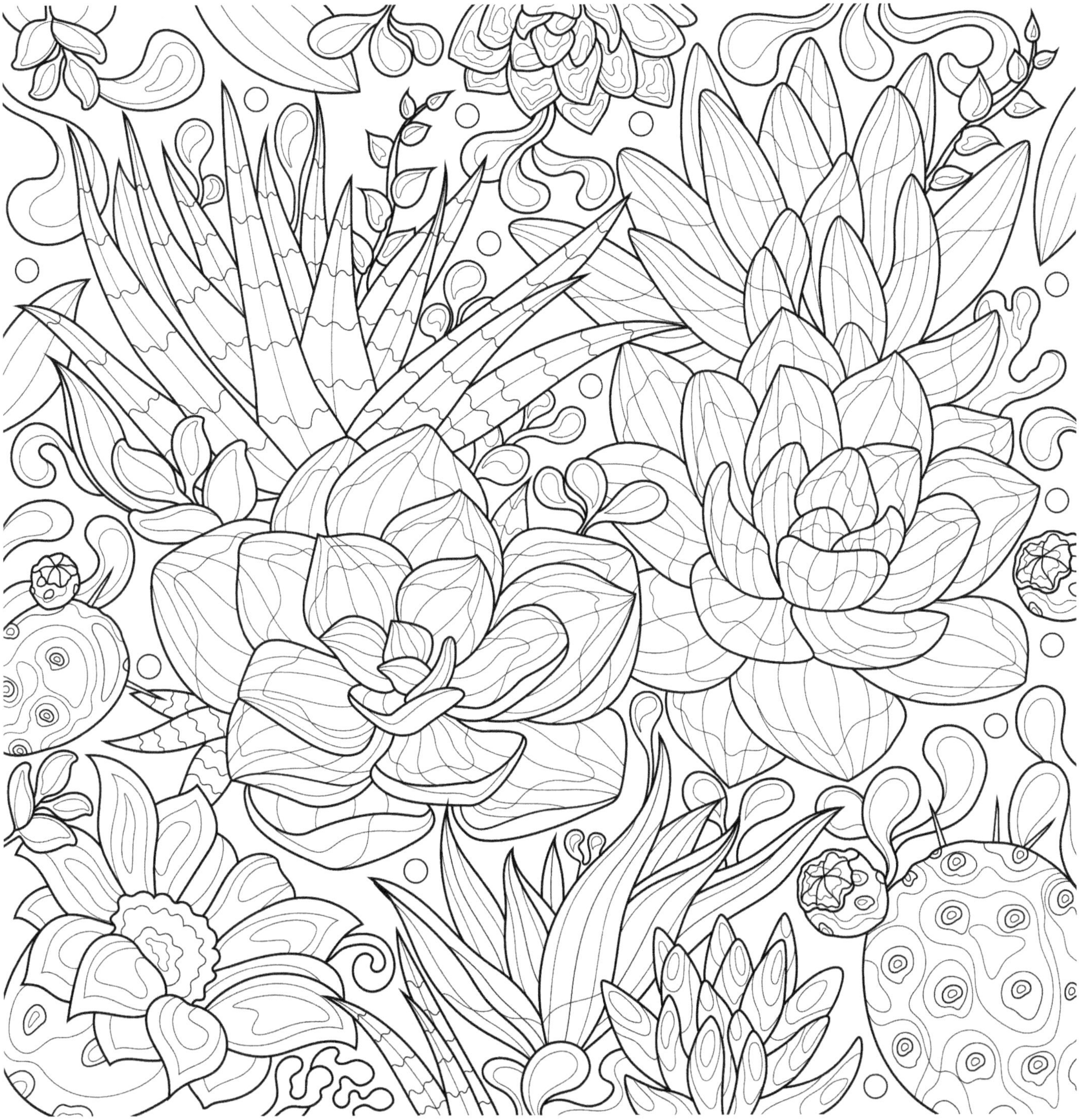

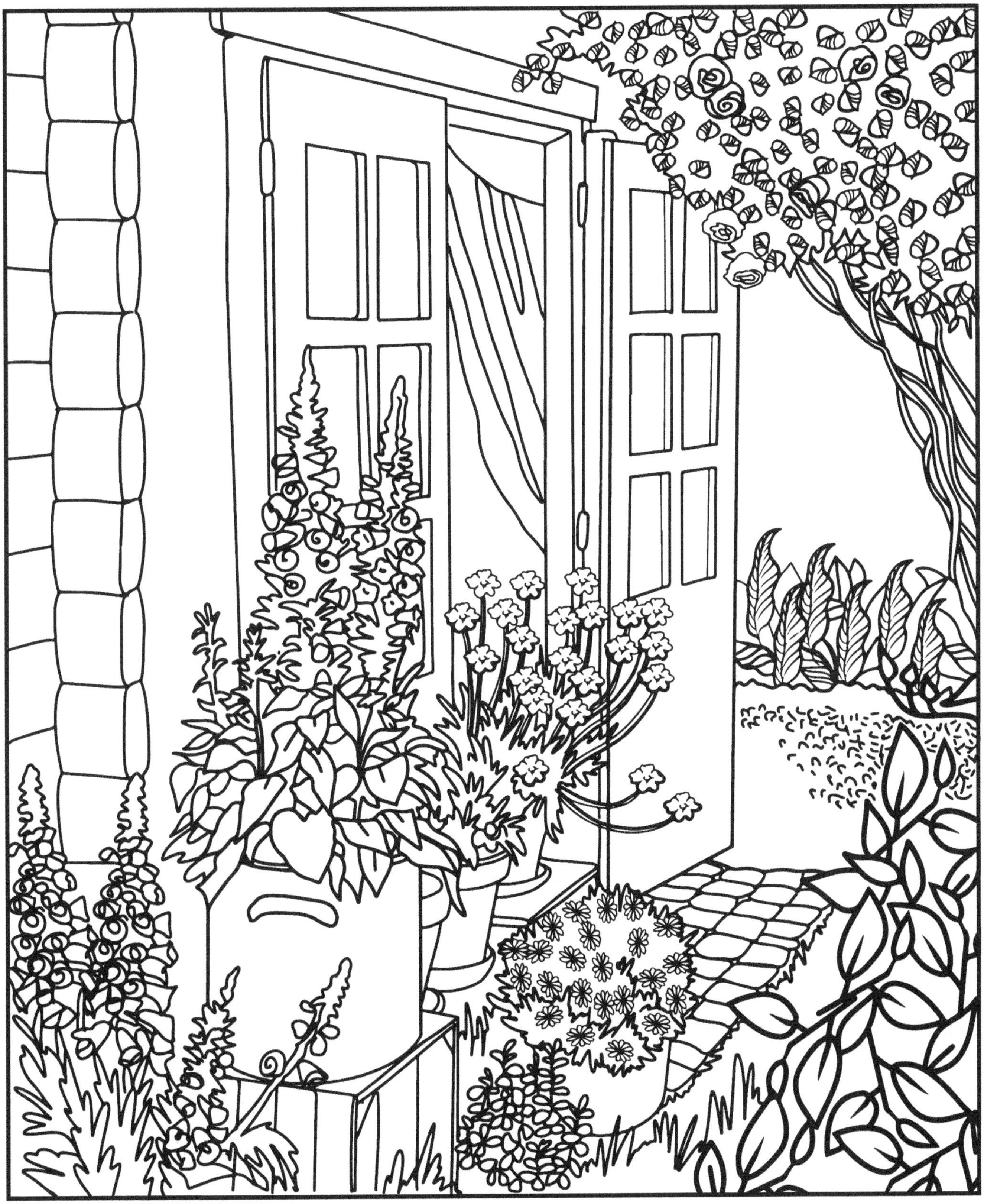

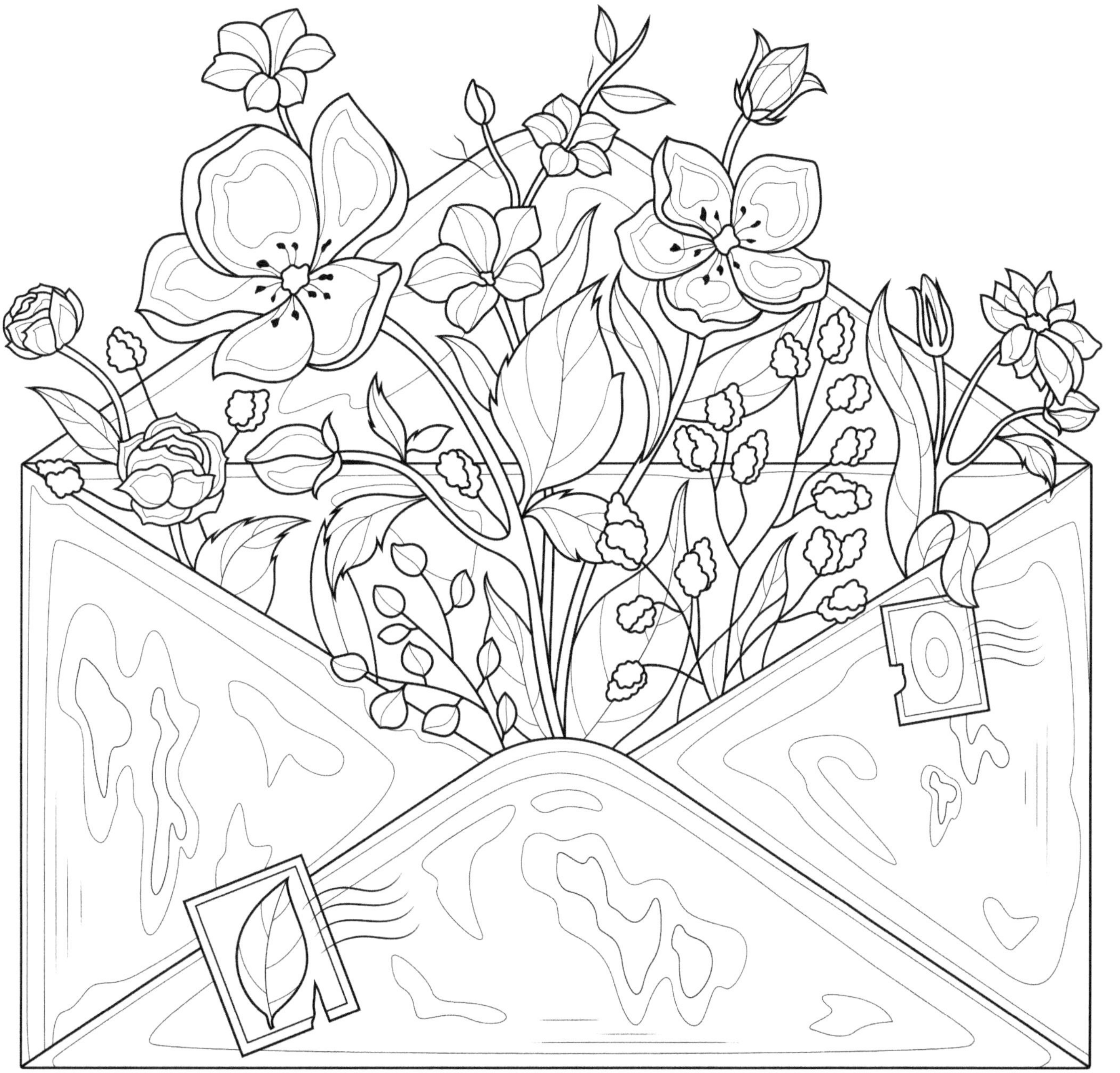

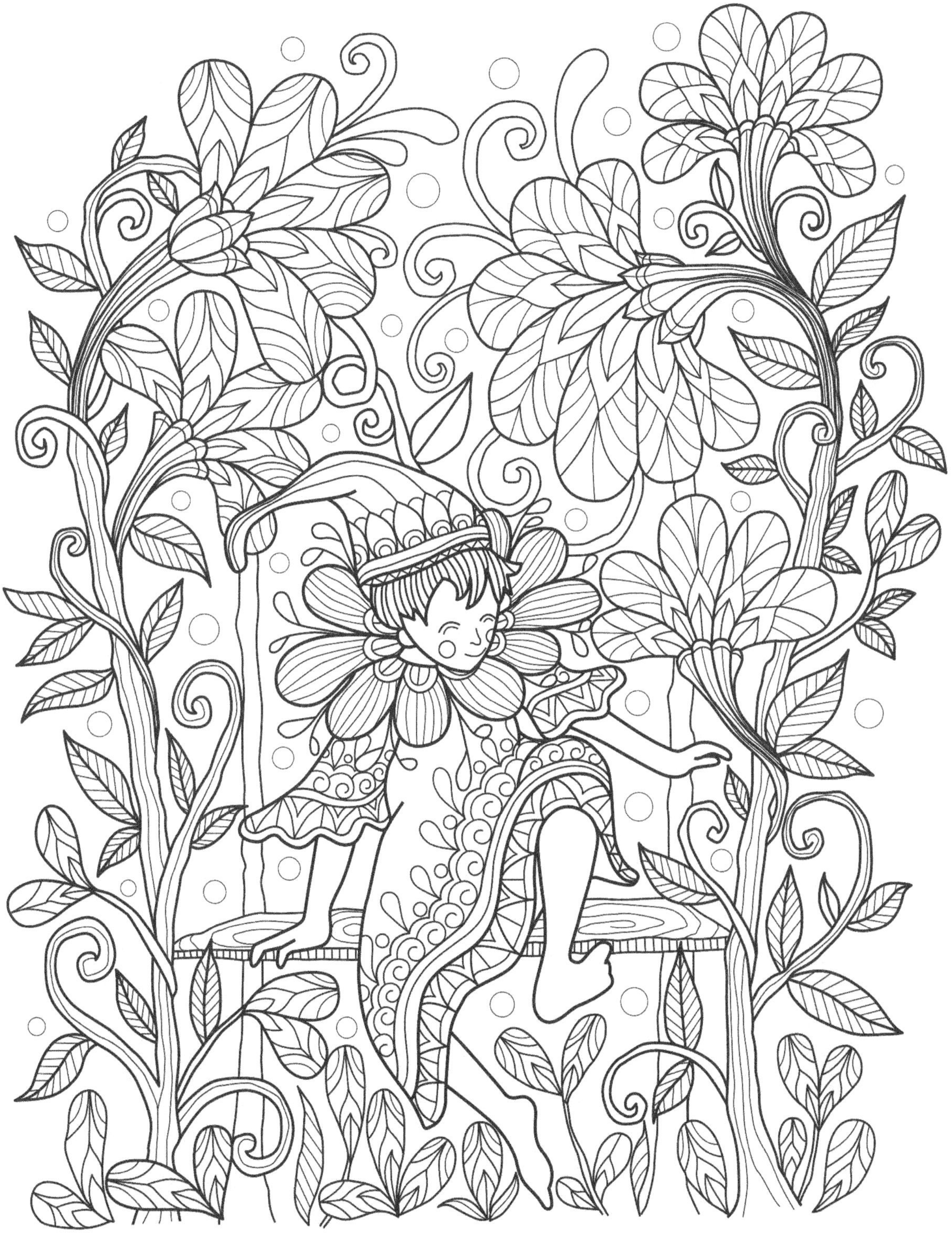

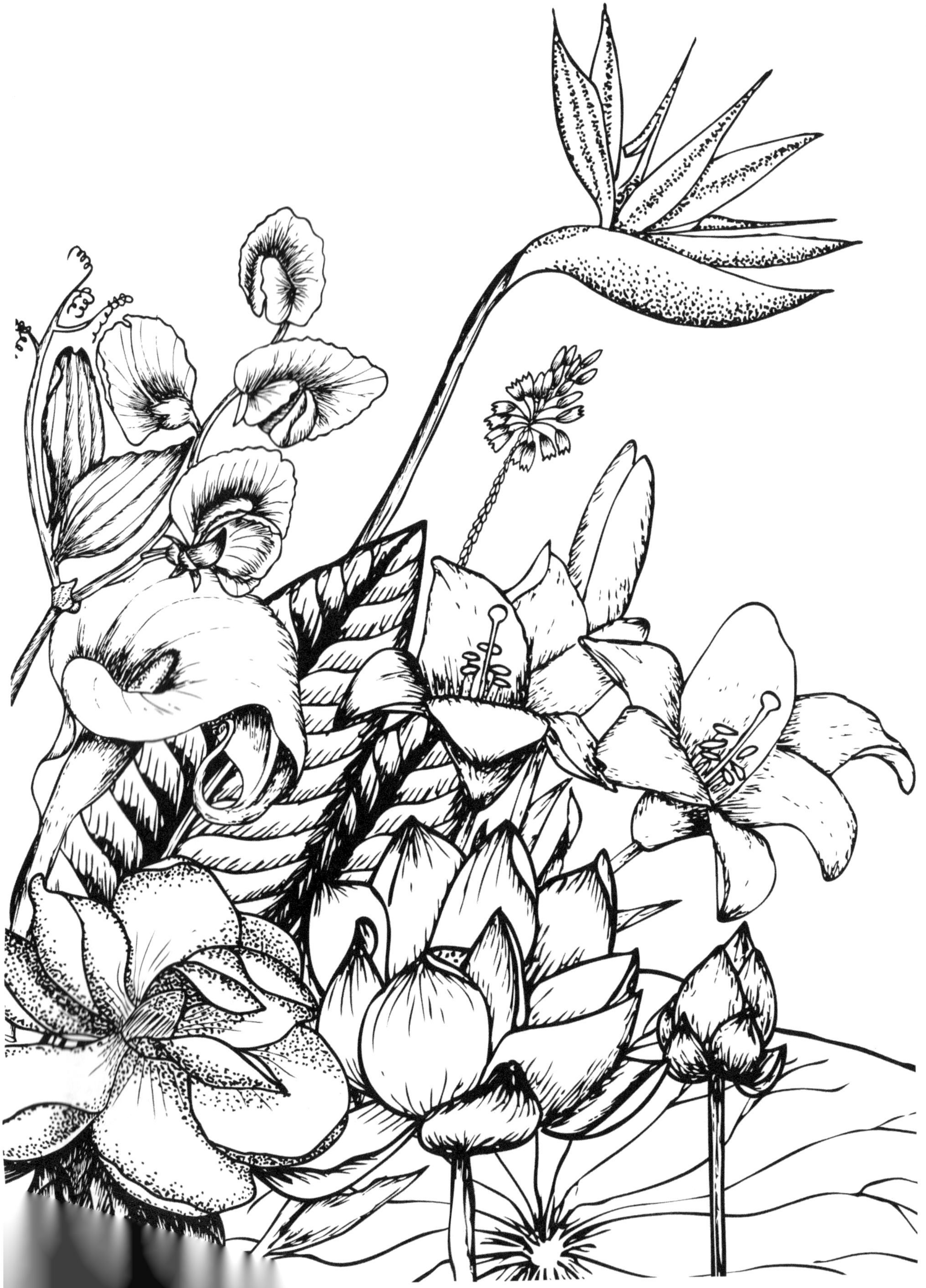

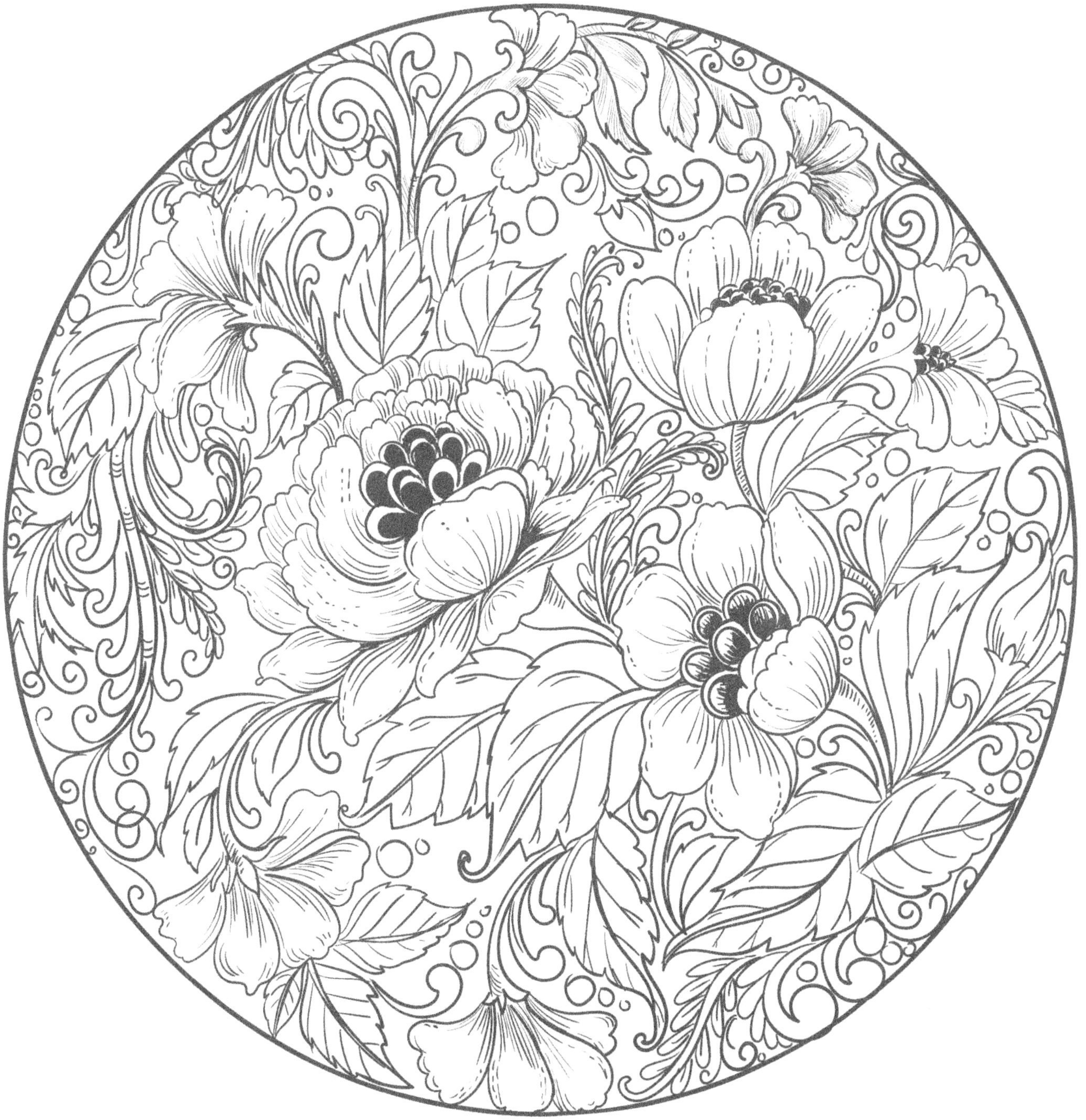

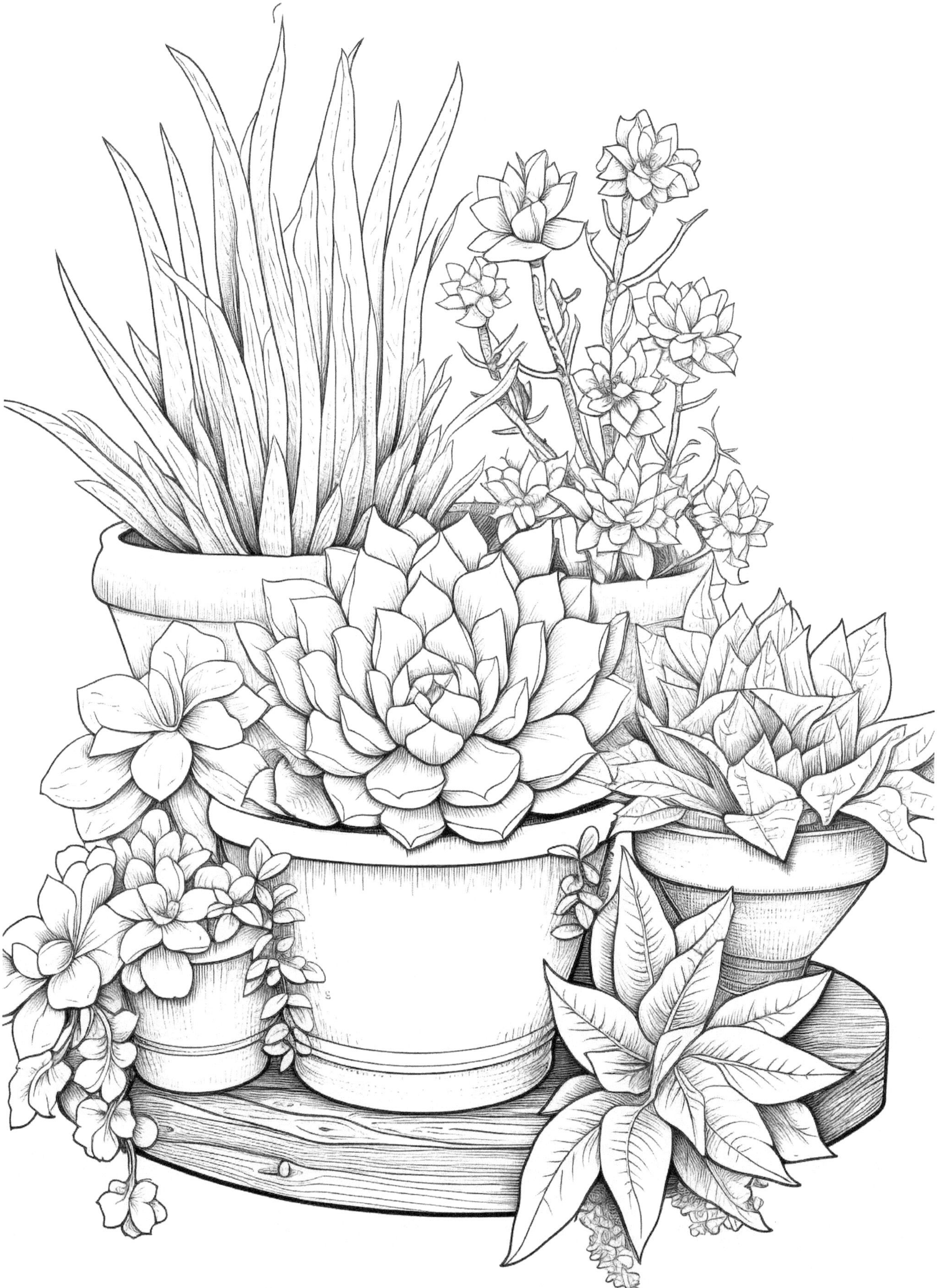

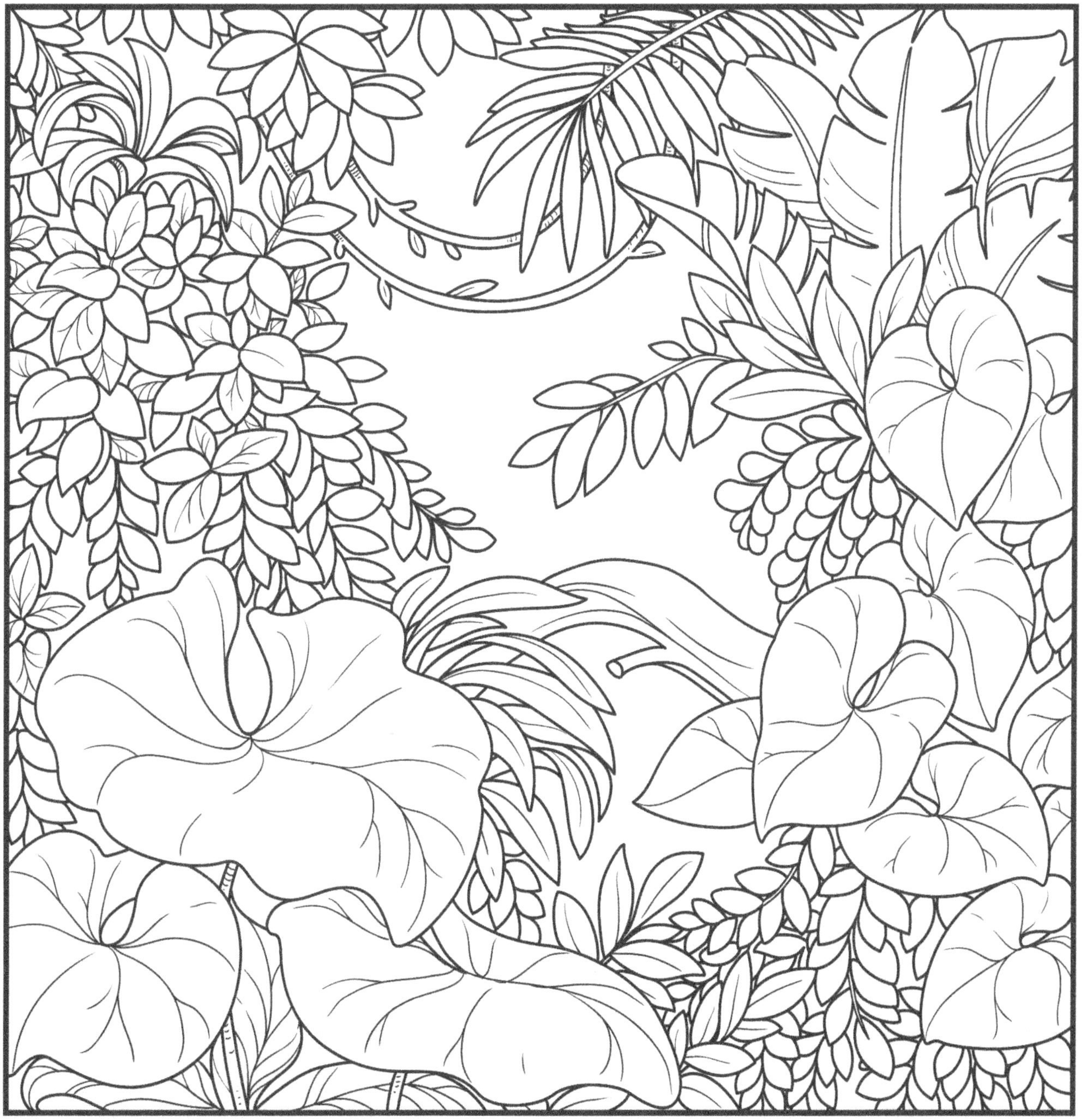

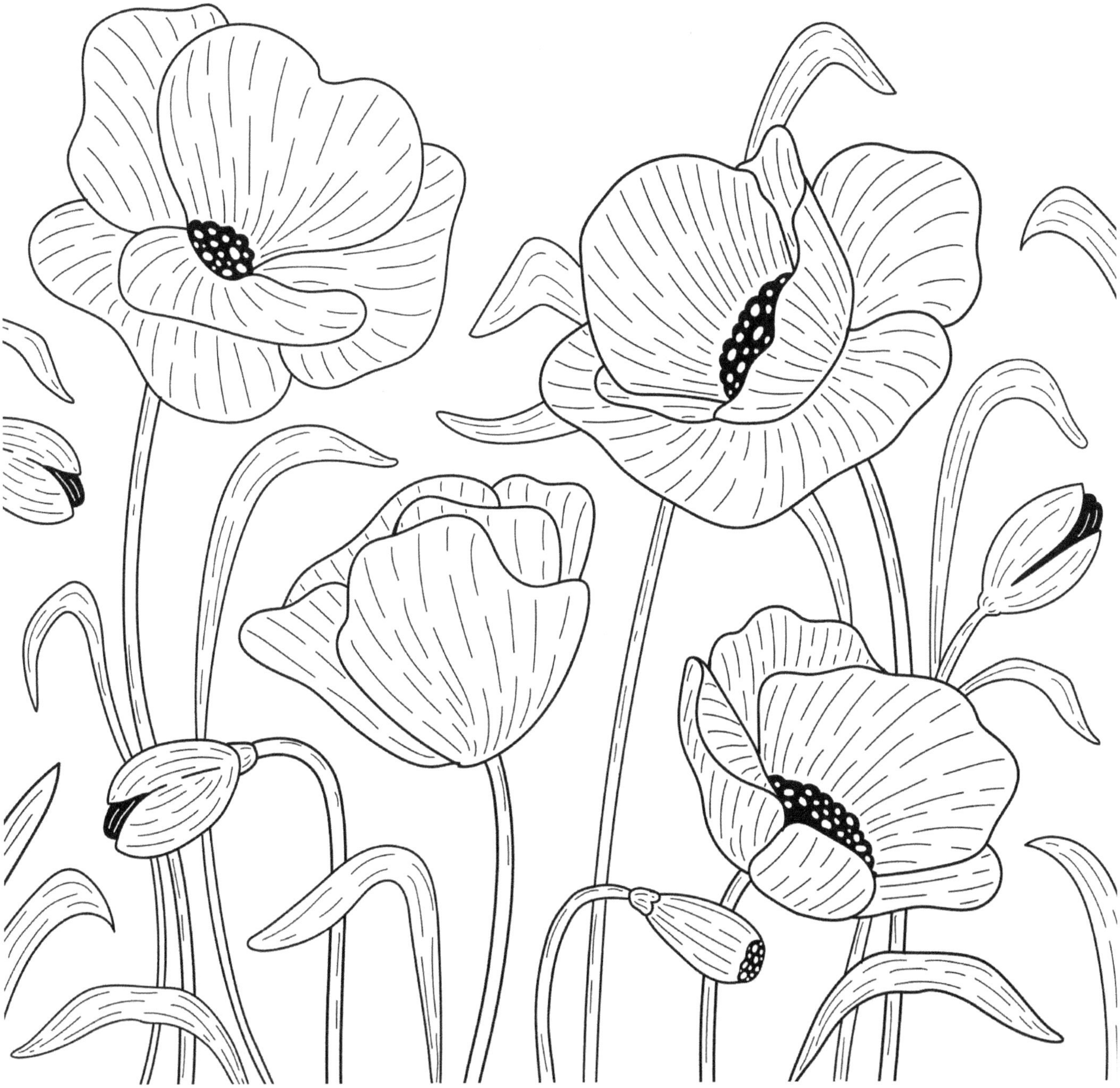

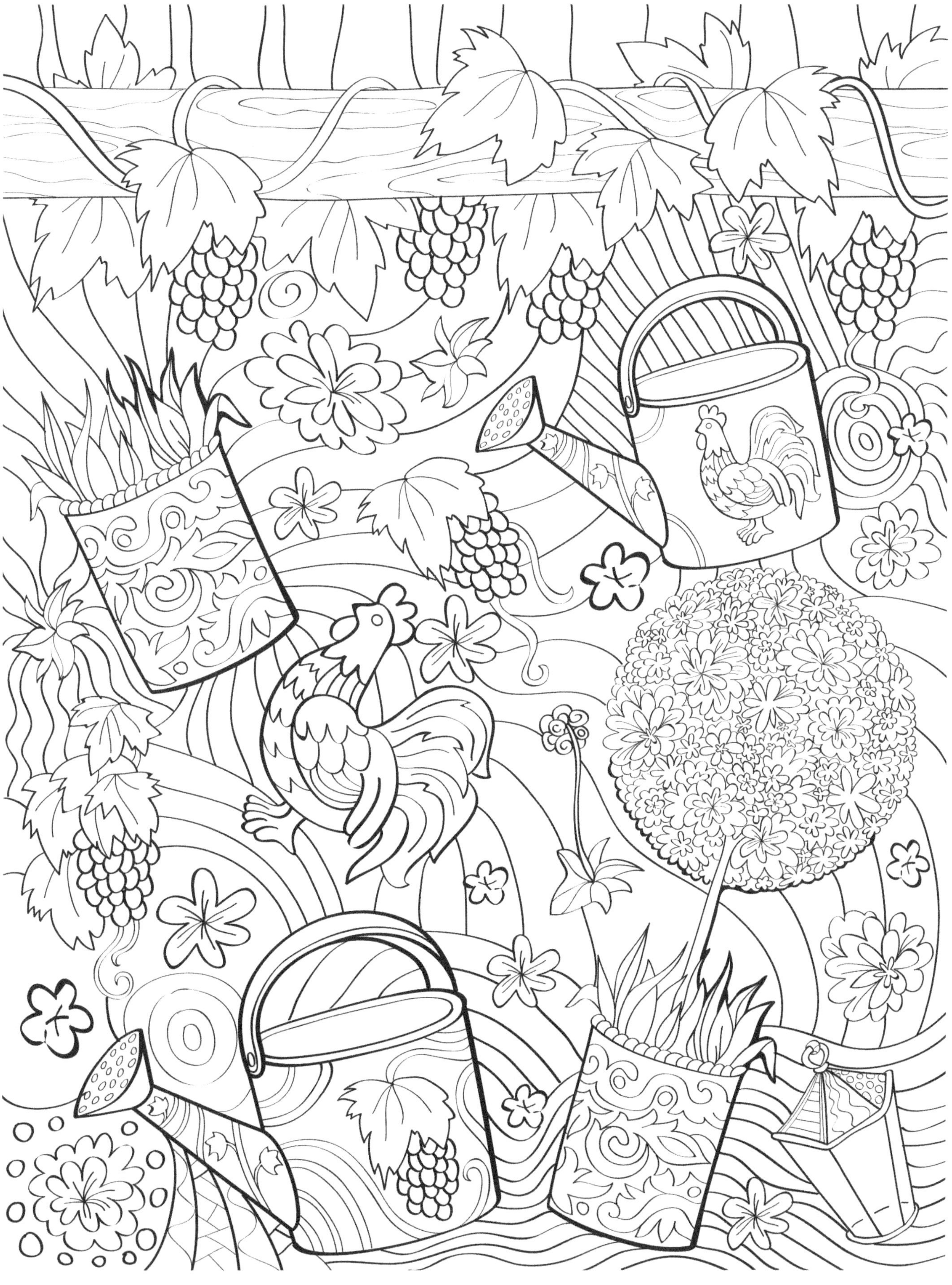

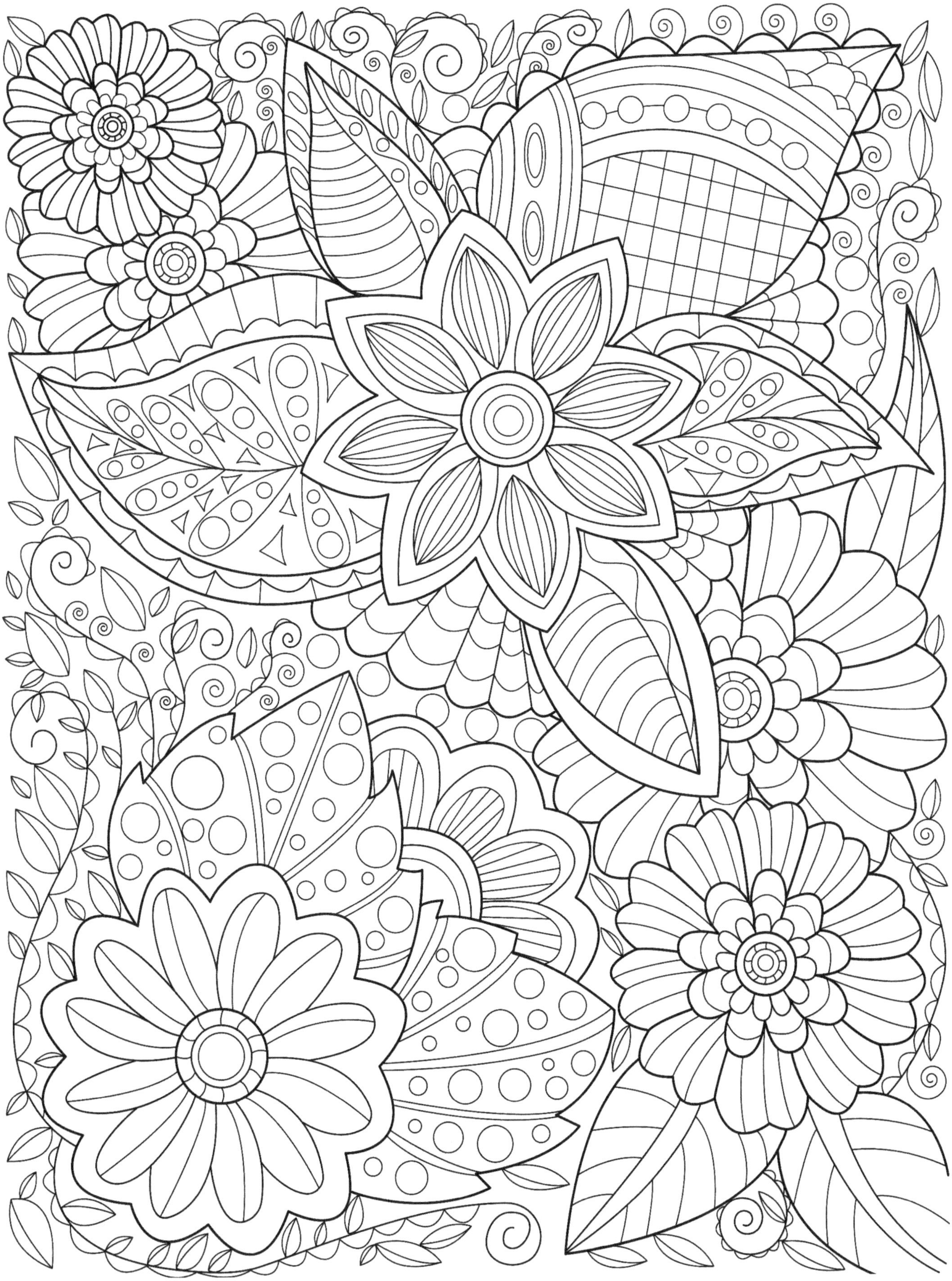

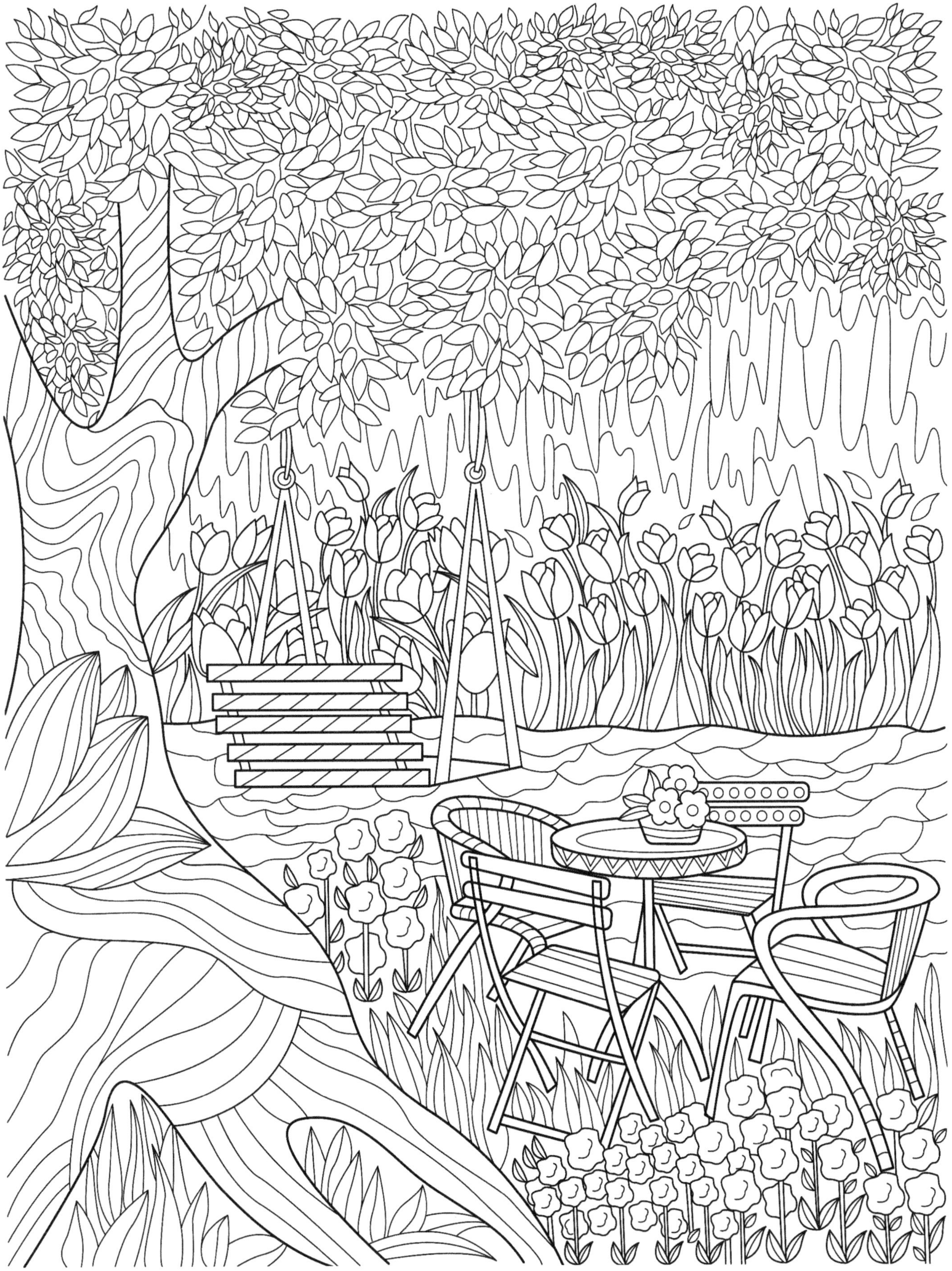

CPSIA information can be obtained
at www.ICGtesting.com
Printed in the USA
BVHW021935080623
665636BV00011B/575

9 798211 187573